区块链

技术与应用

大数据与人工智能系列

BLOCK CHAIN

TECHNOLOGY AND APPLICATION

梁　循　尤晓东　薛　扬　徐凤敏　编著

中国人民大学出版社
·北京·

内容简介

INTRODUCTION

本书综合了大量国内外的最新资料和作者的研究成果，以区块链信息管理系统为研究对象，探索了区块链环境下的信息管理系统及其应用，描述了区块链的相关技术及理论框架，讨论了区块链信息管理系统在实际生活中的一些应用，以最新资料案例为例进行了理论分析和模型构建，给出了实践指导策略。

本书的读者可以是对区块链信息管理系统感兴趣的专业人士，或是对区块链和信息管理系统感兴趣的商业界人士，也可作为计算机应用方向的教材或参考书。

前言

PREFACE

区块链技术在金融、征信、物联网、资产管理等众多领域都拥有广泛的应用前景。随着区块链技术的日趋成熟、区块链应用生态的进一步扩大、产品用户人数以及应用场景的进一步发展，各种围绕着数字货币的应用以及基础设施也不断地丰富完善，整个市场沿着健康的轨道蓬勃发展。

随着爆炸式信息涌现的时代的到来，如何了解不断发展的区块链技术，如何将区块链技术与不同的应用方向相融合，如何进行区块链应用的监管成为当今研究的热点。本书对这些问题进行了详细的阐述，介绍了区块链的技术基础，探索了在大数据与人工智能爆发的环境下区块链的发展，讨论了区块链的相关应用。

本书介绍了区块链与信息管理系统的相关知识，从区块链的性质出发，详细阐述了区块链技术，介绍了区块链技术在不同场景下的应用，并且举例说明了目前区块链落地的实际情况。本书将区块链和信息管理系统整合在一起，通过对区块链与供应链和电子商务两个融合方向的介绍，使读者能够更加清晰地了解区块链的特征以及具体实践。本书还介绍了区块链的监管问题，说明了区块链沙盒在区块链应用创新上的巨大意义，讨论了基于区块链的信息系统的隐私与效率问题，通过将区块链信息系统与传统信息系统进行对比，能够深入地理解区块链信息系统的构建。

本书与作者先前出版的另外 14 本书籍《网络金融》《数据挖掘算法与应用》《互联网金融信息系统的设计与实现》《电子商务理论与实践》《网络金融信息挖掘导论》《网络金融系统设计与实现案例集》《互联网金融信

息智能挖掘基础》《支持向量机算法及其金融应用》《金融数据挖掘——基于大数据视角的展望》《面向社会化媒体大数据的社会计算》《社会化商务理论与实践》《社会网络大数据下企业舆情建模和管理》《大数据物联网复杂信息系统》《社交网络大数据融合》之间的关系见图 0－1。

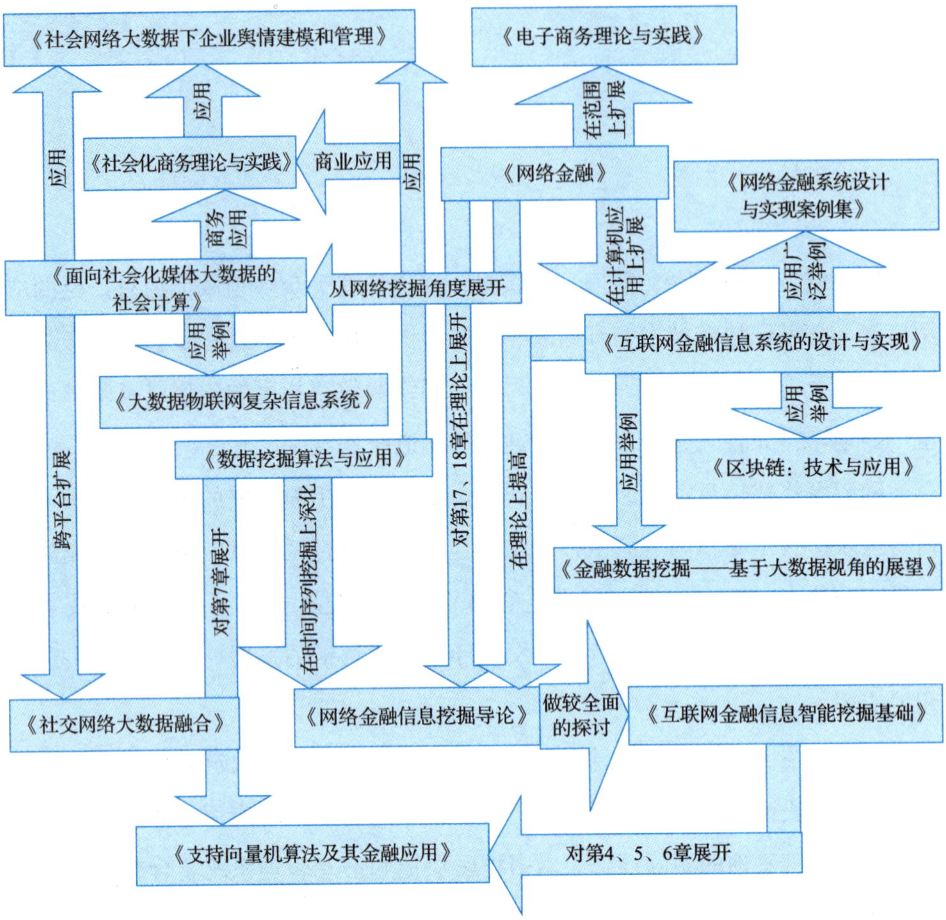

图 0－1　本书与《网络金融》《数据挖掘算法与应用》《互联网金融信息系统的设计与实现》《电子商务理论与实践》《网络金融信息挖掘导论》《网络金融系统设计与实现案例集》《互联网金融信息智能挖掘基础》《支持向量机算法及其金融应用》《金融数据挖掘——基于大数据视角的展望》《面向社会化媒体大数据的社会计算》《社会化商务理论与实践》《社会网络大数据下企业舆情建模和管理》《大数据物联网复杂信息系统》《社交网络大数据融合》之间的关系

本书的工作受到了国家社会科学基金（18ZDA309）、国家自然科学基金（71531012）、北京市自然科学基金（4172032）的支持。作者的一些学生参与了本书的编写，这些学生包括黄伟兰、邵晓晔、李孔博、赵晓磊、王梦婷、杨子力、何忠恒、张树森、程恒超等。

由于作者水平和时间的限制，书中一定存在不少缺点和错误，恳请读者批评指正。

编者　梁循

2020 年 1 月

目录

CONTENTS

第1篇

概　　述

第1章

区块链的诞生与发展

本章学习目标

- 了解数字货币的起源与发展
- 了解比特币的发展过程
- 了解区块链的诞生与发展

1.1 数字货币的起源与账本的发展

文字与货币是世界文明史上最古老且最重要的两大发明。世界上最早的文字文明出现于今天的伊拉克最南部——美索不达米亚平原。在距今 3 000 多年的古巴比伦王国，随着城市的诞生和发展，为了更好地管理大规模的生产和交易活动，一个较为完善的文字系统被发明出来，当时他们使用的文字就是今天所称的“楔形文字”。除此之外，苏美尔人也在同一时期发明了目前已知的最早的货币——大麦货币，人们将定量的大麦作为通用单位，用来衡量和交换其他各种货物与服务。

中国是世界上最早使用货币的国家之一，使用货币的历史长达五千年之久。中国古代货币在形成和发展的过程中，先后经历了五次极为重大的演变：

自然货币向人工货币的演变、杂乱形状向统一形状的演变、地方铸币向中央铸币的演变、文书重量向通宝和元宝的演变、金属货币向纸币“交子”的演变。历史上，货币的形态经历了多个阶段的演化，可以简单概括为实物货币、金属货币、代用货币、信用货币、电子货币、数字货币等。货币自身的价值依托也从实物价值、发行方信用价值发展到今天出现的对信息系统（包括算法、数学、密码学、软件等）的信任价值。货币的基本职能包括价值尺度、流通手段、贮藏手段、支付手段等。在“互联网＋”逐步融入经济社会后，数字货币也逐渐步入大众视野。数字货币不同于虚拟货币，它是可以真正用于商品和服务的交易的货币形态，是电子货币的替代货币，包括数字金币和密码货币等。数字货币与电子货币并不同，电子货币是法定货币的数字化表现，被用来进行法定货币的电子化交易。数字货币的主要特点是运用 P2P（peer to peer）对等网络技术发行、管理和流通，让每个人都有权发行货币。例如，比特币、莱特币、比特股等都属于数字货币。

如果说文字作为一种人际交流手段承载的是信息，那么货币作为价值传输的载体承载的则是信用。自古以来，人们就认识到了信用的重要性。司马迁在《史记·季布栾布列传》中记载：得黄金百，不如得季布一诺。英国哲学家约翰·穆勒认为：互相信任可以弥合人类生活中的每一个裂隙。现代经济学认为，现代市场经济从根本上是一种信用经济，随着分工的深化和市场的扩大，信用出现在借贷活动和其他一切市场经济活动中。信用是维系商品交换的基本前提，是市场经济良好并高效运行的基础。同时，货币在市场经济中扮演着核心的角色，信用与货币之间的关系则更为密切。尤瓦尔·赫拉利（Yuval Harari）在《人类简史》中说：“金钱就是一种互相信任的系统，而且还不是随随便便的某种系统——金钱正是有史以来最普遍也最有效的互信系统。”

最早发明钱的时候，人与人之间并不存在足够的信任，所以要当作货币的事物本身就得有实际的价值，也就是最早的实物货币，比如苏美尔人的“大麦货币”制度。而随着信任的建立，货币就开始向基于纯粹的信用而不需要有内在价值的方向演化。传统的货币理论认为商品或一般等价物皆可作为货币，但事实上，目前世界上几乎所有国家的货币都已是信用货币。信用货币是货币发展中的现代形态，不再代表任何贵金属，并且其本身价值远远低于其货币价值，已经和商品属性彻底脱钩。不过，可以肯定的是，无论是实物货币还是信用货币，信用都是货币极为重要的本质属性。

随着社会的发展，人类信息传播与价值交换的手段不断更新与进化着。宋朝发明的纸币极大地提升了金融的可转让性，在信息时代数字货币的诞生则使准确、便捷地表征和度量数字化经济活动成为可能。近年来，数字货币迅速兴起。虽然数字货币没有统一的定义，一些学者认为它已具有部分货币职能，但另一些学者则认为它只能被当作货币的替代品（蔡制宏，2015）。数字货币简称为 DIGICCY，是英文 Digital Currency（数字货币）的缩写，是电子货币形式的替代货币。

关于数字货币的诞生，首先要明确的是，数字货币不等同于电子货币。两者虽同为记账货币，但是存在本质区别。电子货币可分为储值型与非储值型，货币发行者主要但不限于银行。一般来说，银行发行的电子货币就是所谓的“银行卡”，分为贷记卡和借记卡两种。电子货币是记账货币，记账时间与交易是同步的，但往往存在一定的时间差。也就是说，在发生交易时，记账当即发生，但是资金的出账和入账时间往往由银行后台来安排，会有一个时滞。以生活中的例子来说，当你通过微信支付（绑定的银行卡）的方式购买一样物品，手机页面上显示付款成功后当即就会收到来自微信的交易记录消息，但是往往要十几秒后才会收到来自银行的扣款信息。可以说，电子货币极大地缩短了交易前台与结算后台的时间间隔，但是并没有完全消除。相比之下，数字货币则是“点对点”的账户间同步记账，不存在一个所谓的前后台之间的时间间隔，即不存在账户之外的记账机构（比如银行），出账和入账同步发生。换言之，支付即完成结算，根本没有“前台交易、后台结算”的流程。电子货币与数字货币的相似之处在于两者在支付过程中都没有出现所谓的“现钞”或“现金”，两者都需要一个网络支持。但是二者的根本区别就是，有没有后台，有没有记账机构，有没有出、入账的另行安排，而这些都是交易时交易者肉眼所不可见但是实实在在存在的，这从根本上决定了两类货币的不同使用流程和性质。

现在我们将数字货币与现存主流货币（电子货币、纸币）进行比较分析（见表 1-1）。

表 1-1 数字货币与现存主流货币的比较

属性	分析	优势方
便携性	在金额较小时，纸币依旧属于便携物品，但是当金额增大后，数字货币的便携性远远优于纸币。	数字货币
防伪性	纸币的防伪主要依赖设计上的精巧，例如对于纸张、油墨、暗纹、夹层等的处理。数字货币的防伪主要依赖密码学。根据实际情况，纸币的伪造时有发生，但数字货币的伪造还未公开实现过。	数字货币
辨伪性	纸币依赖验钞机。数字货币依赖密码学。根据实际情况，验钞机存在误判情况，但密码学至今未发生错误。	数字货币
匿名性	两者都可实现匿名，但都存在被恶意追踪的可能。	平局
交易方式	对于纸币而言，谁持有，谁就是合法拥有者，通过纸币自身实际转移即可完成交易。由于任何数字物品都存在被复制的可能，所以对于数字货币而言，需要额外的机制来保障交易顺利完成。从交易方式的便捷性考虑，纸币比数字货币方便得多。	纸币
资源成本	纸币的制作成本主要包括材料费、设备费、人工费等，生产成本较低。 数字货币的正常运作需要消耗大量电力资源。摩根士丹利（Morgan Stanley）曾预测，2018 年，比特币的电力需求预计将增长三倍，一年的用电量相当于阿根廷全国一年的电力需求。	纸币
发行方式	纸币的发行需要第三方机构的参与，人类历史上发生的通胀通缩往往是不合理地发行货币造成的。数字货币则通过分布式算法完成发放，由于数字货币流通时间短，使用范围较小，目前尚不明确是否会带来不利影响。	平局

针对现有的主流货币，或许有人认为电子货币相对纸币形式更方便。对于电子货币这样的集中式支付体系来说，纸币实际上提供了更好的匿名性。另外，一旦碰到系统故障、断网、刷卡机器故障等情况，电子货币就无法使用了。事实上，无论纸币还是电子货币都需要额外的系统（例如银行）来完成生产、分发、管理等操作，带来很大的额外成本和使用风险，诸如伪造、信用卡诈骗、盗刷等。因此，如果能实现一种货币，既可以保持现有货币的优势特

性，又能消除它们的缺陷，无疑将带来巨大的社会变革，大大提高经济活动的运作效率。于是，数字货币出现了。

根据表1-1的分析，我们可以看出数字货币并非在所有领域都优于已有的货币形式。因此，不加任何前提的盲目鼓吹或盲目贬低数字货币都是不合理的。实际上，仔细观察目前支持数字货币的交易机构就会发现，当前还没有一种数字货币能完整起到货币的职能。虽然当前的数字货币“实验”已经取得了巨大成功，但仍存在明显的局限性：其依赖的分布式账本技术还未经历大规模场景的检验；资源的消耗过高；性能有待提升；等等。

目前，虽然以比特币为代表的数字货币已经涉足经济社会的许多领域，但是当下并不能完全替代已有货币，数字货币方面尚有许多未解决的问题，事实上，数字货币自身尚未具备成为真正货币的条件，无法有效履行货币的基本职能。其系统的性能、资源的消耗等还需要不断改进，其发展还需要金融市场的进一步检验。

区块链从本质上讲可以理解为“分布式账本”，我们从账本的演变角度来解释区块链随时间推移而诞生的必然性。

最早的账本思想诞生在语言产生之后、文字出现之前。在部落里，人们通过结绳记事的方式记录重大事件以及对象、数量的变化，这也是最早的账本的表现形式，这种思想可以说是账本的起源。在文字出现之后，账本的表现形式更加多样化了，最早可以追溯到公元前3 000年左右，美索不达米亚平原南部的苏美尔人用削尖的芦苇秆将文字刻在泥板上，而后将泥板烘干进行保存。这个文字就是最早的文字形式——楔形文字。而此时，人们记账的方式也演变成了按照时间顺序记录的流水账。直到公元前5世纪，古希腊和古罗马经济的繁荣发展使得记账方式进一步演变，流水账中逐渐出现了日记账和现金出纳账，即把时间、物品、人物和货币等分别设置的账本。此时，记账方法已经发展到单式记账法时期。随着文字与货币的逐渐发展，复式记账法也出现了。在中国，复式记账法可以追溯到明末清初的龙门账，除记录交易的信息以外，还能够同时核算经营成本并分化出利润和资本，为企业的持续经营提供了经济保障。到了19世纪，人们对于账本的需求越来越复杂，由此诞生了会计这个职业，而后，随着计算机技术的飞速发展与快速普及，计算机也应用于会计这个行业，实现了计算机记账。

1986 年，美国国家科学基金会资助建立了基于 TCP/IP 的主干网，这是历史上第一个真正意义上的互联网。1987 年 9 月 14 日，中国第一封电子邮件从中国发往德国，内容为"跨越长城，走向世界"。1990 年，万维网（world wide web，WWW）协议完成，互联网开始向社会大众普及，这也为在互联网条件下的信息传输奠定了理论基础。随着信息传输的数据化、智能化，账本也在不断创新和完善，但是，目前依然存在信息不对称造成的信用问题，而比特币的出现则打破了这一僵局，为信息时代条件下的账目问题提供了一个新的选择，即本书所要介绍的区块链技术，也就是比特币的底层应用，我们可以将它看成一个分布式的共享账本。

1.2 比特币的诞生

2008 年 10 月，化名中本聪（Satoshi Nakamoto）的学者提出了一种名为比特币（BitCoin）的分布式存储、非普遍全球可支付的电子加密货币。他在 2009 年公开了最初的实现代码，并于 2009 年 1 月 3 日 18：15：05 生成了世界上第一枚比特币。不过，比特币真正流行起来是在 2010 年后。比特币的概念由中本聪在 2008 年发表的论文《比特币：一种点对点的电子现金系统》中首次提出。文中，中本聪将区块链技术作为构建比特币数据结构及交易体系的基础技术，将比特币打造为一种数字货币和在线支付系统，利用加密技术实现资金转移，而不再依赖于中央银行。发送和接受比特币使用公钥地址，并进行交易记录，从而实现个人身份信息的匿名。交易确认的过程则需要用户贡献算力，共同对交易进行共识确认，从而将交易记录到全网公开账本中。用户可以利用电脑、手机等发送或接受比特币，并选择交易费用。

从技术角度看，比特币是数字货币历史上一次了不起的创新。近三十年来，数字货币技术经历了几代演进，包括 B-money、e-Cash、HashCash 等。

比特币并不是数字货币的首次尝试，从前失败的数字货币或支付系统多达数十个。但恰恰正是这些探索为比特币的诞生提供了大量可借鉴的经验。

戴维·乔姆（David Chaum）是一位密码破译专家，20 世纪八九十年代密码朋克的“主教”级人物。早在1983年，他就发明了炫目的公式作为RSA算法的扩展，用于网络加密。此后，他创立了Digicash（数字现金）公司，并创建了首个匿名化的数字加密货币电子支付系统，称为e-Cash。该系统的创建基于他自己发明的盲签名技术，该技术曾被应用于部分银行的小额支付系统，但是e-Cash依赖于一个集中控制的中介机构，并未能从本质上解决用户隐私问题。

亚当·贝克（Adam Back）是一位英国的密码学家，1997年，他发明了哈希现金（Hashcash），并首次提出用工作量证明（proof of work，PoW）机制来获取额度。这个机制的原型最先用于解决互联网垃圾信息，比如作为垃圾邮件问题的一个解决方案：它要求计算机在获得发送信息权限之前做一定的计算工作，这对正常的信息传播几乎不会造成可以察觉的影响，但是对向全网大量散布垃圾信息的计算机来说，这些计算会变得不可承受。这种工作量证明机制后来成为比特币的核心要素之一。

哈伯（Haber）和斯托尼塔（Stornetta）在1997年提出了用时间戳的方法保证数字文件安全的协议。即用时间戳的方式表达文件创建的先后顺序，协议要求在文件创建后其时间戳不能改动，这就使文件被篡改的可能性为零。这个协议后来成为比特币区块链协议的原型。

1998年，密码学专家戴伟发明了B-money，并将PoW引入数字货币生成过程。B-money强调点对点的交易和不可更改的交易记录，网络中的每一个交易者都保持对交易的追踪。不过在B-money中，每个节点分别记录自己的账本，这不可避免地会产生节点间的不一致。B-money可以被视为分布式数字货币的先驱，但很遗憾的是，该设计未能被实现。

上面这些数字货币都或多或少地依赖于一个第三方系统的信用担保，这在很大程度上影响了项目的成败。直到2008年比特币横空出世，将PoW与分布式存储、密码学、博弈论等结合在一起，才第一次从实践意义上实现了一套分布式存储的数字货币系统。比特币网络自2009年上线以来已经在全球范围内7×24小时运行接近11年时间，支持过单笔1.5亿美元的交易。比特币网络由数千个节点构成，没有任何运维参与，支持了稳定上升的交易量。比特币之所以受到无数金融从业者的热捧，原因在于它首次在真正意义上实现了足够安全可靠的分布式存储数字货币机制。

数字货币的主流是以比特币为代表的数字货币，比特币的源代码是公开的，其他数字货币大多是在其基础上进行了修改，主要体系与比特币相似。至2018年，市场上已经发行了数百种数字货币，市值共27 846亿元，其中41%的市值都归比特币所有，可见比特币是区块链应用中备受关注的一个，并且引领了一场包括货币体系、金融服务、经济学、分布式系统、投票系统、联合监管和合同体系在内的创新热潮。现如今加密数字货币的数量还在持续增长，但比特币仍然是数字货币市场的主导者。

有些学者认为，比特币自身的价值是通过背后的计算力为其背书，这也促使人们开始思考在未来的数字世界中，该如何衡量价值，如何发行货币。目前看来，数字货币比较有影响力的模式有两种：一种是类似于Paypal，选择跟已有的系统合作，成为代理；一种是以比特币为代表的完全丢弃已有体系的分布式技术。目前依旧很难判断哪种模式将成为未来的主流，甚至未来还可能出现更先进的技术。但对比特币这一类数字货币的设计进行探索将是一件十分有趣的事情。

区块链技术有可能会是一场改变生活的应用革命，类似于灯泡、汽车、火车、飞机等，会逐渐渗入人类社会的各个方面。但正如每次社会技术革命都需要时间一样，区块链技术引起的变革也将需要一个长期的接受过程。

1.3 从比特币到区块链

2009年初，区块链作为比特币的基础架构及实现方式，随着比特币的第一个区块——创世区块的诞生而出现。自2013年比特币价格暴涨开始，比特币与区块链借由媒体的关注第一次走进了大众的视野。从本质上来讲，区块链是一种分布式记账系统，其核心优势是分布式存储和去信任化，具有开放共识、不可篡改和可追溯的特点，为传统系统中存在的成本高、效率低、安全性低等问题提供了较好的解决方案。2016年，中国区块链研究联盟的成立也进一步推动了区块链的研究和发展。麦肯锡在研究报告中提出，区块链是继蒸汽机、电力、信息和互联网后最有潜力成为第五轮颠覆性革命浪潮的关键技术。

比特币自 2009 年出现以来，已经在全球范围内全天候运行近 11 年时间，并且已经成功处理了上百万笔交易，甚至支持完成了单笔 1.5 亿美元的交易。此外，更加难得的是，比特币网络从未出现过大规模的系统故障。目前，比特币网络有数千个节点，利用其 P2P 的网络架构保障了比特币稳定上升的交易量。从数字货币的历史来看，比特币可以说是金融历史上一次具有非凡意义的社会实验，它首次实现了真正意义上的安全可靠的分布式存储数字货币机制。与传统的货币体系相比，比特币解决了传统货币体系被掌握在个别机构手中的情况，同时也为匿名化交易的出现奠定了基础。

自 2014 年开始，比特币的底层技术——区块技术开始逐渐步入大众视野，由此也进一步引发了分布式账本技术的进一步探索与创新。区块链作为一个分布式共享账本，具有许多传统账本系统不具备的特点。例如：区块链是一个可以无限增加的账本，我们把交易记录在区块中，随着交易数目的增加，区块的数目也在不断增加，不存在交易上限；区块链是一个加密且有时间顺序的账本，当把交易信息存储在区块中时，会通过密码学的理论对信息进行加密，并按照时间顺序将区块连接；区块链是一个分布式账本，在整个体系中不存在权威的第三方，整个账本是由全部用户共同维护的，因此它是分布式的，而分布式记账技术对于当下多维化、开放式的商业模式有着重要的意义。

区块链技术从 2009 年出现到 2013 年一直都处于初步的探索实践阶段，大多数应用还只是停留在比特币领域，比特币的合法货币地位也逐步被各个国家所承认。自 2014 年起，随着比特币逐渐走入大众视野，针对区块链技术的投资越来越多，全球众多金融机构和企业也开始积极投入区块链的技术研究与应用。从 2017 年开始，区块链的应用更是进入了爆发期，各行业纷纷开始实施区块链技术落地计划。区块链作为一种价值传输的协议，在任何与价值有关的行业都可以发挥其得天独厚的优势。未来，区块链的应用将更加广泛且多样。

迄今为止，区块链已经在金融等众多行业有了很多探索和应用。由区块链创业公司 R3CEV 发起的 R3 区块链联盟现在已吸引了全世界 42 家顶级银行的参与。R3CEV 作为分布式账本首创公司，与各大金融企业互助，共享试验数据，合作开发区块链技术，不断创新，探索区块链技术在金融服务科技中的运用。在国内金融行业，包括招商银行、邮政储蓄银行在内的多家传统银行也将区块链技术投入支付结算、电子票据、资产管理等运营环节。此外，腾讯、京东、蚂蚁金服等多家国内企业也将区块链与行业相结合，将区块链技术应用于公益、医疗、安全、物流、电子商务等众多方面。

区块链的出现也使得智能合约技术得以实现（韩秋明和王革，2018）。智能合约技术是指在没有第三方参与的情况下，自动执行一套以数字形式定义的承诺或者合约的计算机协议。目前，智能合约技术尚未完全成熟，还存在许多亟待解决的问题（张健，2016）。智能合约技术要依赖于区块链中资产的数字化（乔海曙和谢姗珊，2017），但到目前为止，基于区块链的资产数字化程度还远远不够，因此，智能合约技术还难以得到广泛应用。智能合约的发展是建立在分布式存储之上的，否则可能会导致合约的触发条件不一致等状况出现，从而导致智能合约效率的降低。于 2015 年 8 月正式发布的以太坊则是运用近乎图灵完备的计算机语言完成的有智能合约功能的区块链系统。除以太坊以外，RootStock 作为比特币的一个侧链与主链进行互通，构建了在比特币区块链上的智能合约分布式平台，同时可以与以太坊上的智能合约兼容。

同时，区块链也不断应用于保险行业。2017 年 9 月 1 日，上海保交所首创区块链底层技术平台“保交链”，旨在用区块链重塑保险价值链，解决传统保险交易的痛点问题。2018 年，由上海保监局牵头，与多家直保、再保及金融机构联合，共同完成了我国首个再保险区块链技术应用尝试，区块链的防篡改特性、共同存证技术以及智能合约技术将为传统的保险业带来更大的改变。

目前，区块链的应用还处在一个早期阶段，由于相关基础设施还未形成规模（何峰和耿欣，2016），基于区块链技术的服务、应用以及商业模式的发展也在一定程度上受到了相应的限制。尽管如此，区块链与价值天然的亲和性加上其分布式存储与去信任化的特性（张荣，2017；邵奇峰等，2018），使得区块链可以满足不同行业的需求，在电子商务、医疗、政府乃至能源方面都有着广阔的应用前景。针对不同需求，应用于不同场景的区块链也不尽相同，未来的区块链在功能不断强化的同时会更多样化、多元化。

比特币的出现标志着区块链 1.0 时代的到来。区块链 1.0 时代主要实现了分布式存储的虚拟货币交易转移等功能。区块链的出现为货币交易提供了一个

P2P 的解决方案。

在这一时期，金融市场上出现了大量虚拟货币，同时，大量货币交易平台也应运而生，截至目前，仍有超过 700 种虚拟货币在运行。虽然区块链 1.0 时代构建了全球化货币统一的蓝图，但这些虚拟货币并不是任何国家和地区的法定货币，并没有政府的担保，因而并不是很容易得到大范围的普及。总而言之，区块链 1.0 时代是数字货币分布式存储得以实现的时代，引起了整个金融市场的关注。

区块链 2.0 时代是将构建于区块链上的智能合约应用于金融市场的时代。智能合约是指以信息化方式传播、验证或执行合约的计算机协议，是以数字形式定义的承诺。

区块链 2.0 时代的代表是以太坊。以太坊是一个开源的有智能合约功能的公共区块链平台，在这个平台上，用户可以创建新的区块链资产，搭建新的智能合约，从而创建更多商业以及非商业应用。在这个时期，区块链的发展已经不再局限于数字货币，而是在金融领域有了广泛的应用，在股票、债券、期货、众筹、基金等金融场景都有了区块链以及智能合约的介入。

目前，区块链的智能合约的应用还处于初始阶段，很多构想还仅仅存在于理论上而并未落地形成大规模的应用。所以说，目前区块链的发展还处于 2.0 时代的早期，但智能合约目前正处于爆炸式发展的阶段。

区块链 3.0 时代则是将区块链的 P2P 信任机制应用在各个方面，不仅仅是在金融领域的简单应用，而是在金融行业以外的各个领域的能够满足复杂的商业逻辑的更多场景的应用。在这个阶段，区块链可以全面应用到生活的各个方面，包括政府、医疗、能源、法律等诸多领域。

总结区块链发展的三个阶段：第一阶段是区块链的出现以及在虚拟货币上的应用，解决了虚拟货币的分布式存储问题；第二阶段是区块链飞速发展阶段，并且使其在金融领域广泛应用，同时智能合约技术投入研究和应用；第三阶段是区块链融入社会各个领域，用其 P2P 的理念解决各个行业的信任问题的阶段。目前，区块链技术已经从比特币体系中走出，人们也在金融、物联网、征信、能源、共享经济等领域逐步探索区块链的应用。当下，区块链的发展正处在 2.0 时代，但有着广阔的发展前景，区块链技术未来可期。

1.4 本章小结

区块链作为数字货币比特币的底层技术随着比特币的发展走进大众视野，这一技术以其自身的诸多特点而备受瞩目。

区块链源自比特币，自身又可以理解为分布式账本，因此，本章从货币入手，介绍了数字货币的起源与发展，将数字货币与纸币进行对比，分析了数字货币的特点，并且从账本的角度分析了区块链作为分布式账本出现的必然性。

比特币的出现是数字货币历史上的一大里程碑，它吸取了许多失败的数字货币尝试的经验，综合了多个学科的先进技术，是数字货币里程上的一大创新。而其背后的区块链技术更是吸引了许多学者和企业的目光，区块链自身很多优秀的特点吸引着企业家们将区块链技术应用于不同的行业。目前，区块链的发展还处在一个较为早期的阶段，许多有关区块链的应用还处在不断探索的过程中，但可以肯定的是，区块链技术必定会在未来融入金融、科技乃至社会。

思考题

1. 试论述数字货币的特点。
2. 请简述对区块链的理解。
3. 请列举有关区块链的应用。
4. 请结合当下的区块链发展现状，谈谈区块链未来的发展趋势。

第2篇

区块链技术

第2章

区块链的密码学技术原理

本章学习目标

- 理解区块链的概念
- 了解区块链的分类以及各类区块链的特征及应用范围
- 了解区块链的基本特征
- 理解区块链的密码学技术原理

2.1 区块链的概念与分类

超市宣称刚从产地采摘了新鲜果蔬，怎么证明采摘时间和运输中的卫生？企业合作中签订的合同，怎么确保对方能遵守和执行？在不同的医院就诊，怎么才能在保证个人就诊数据的安全性与完整性的前提下共享医疗记录？

这些看似难以解决的问题，在区块链技术的世界里已经有了初步答案。

首先，什么是区块链？

有关区块链的描述首次出现在中本聪于 2008 年所撰写的文章《比特币：一种点对点的电子现金系统》中。文章重点讨论了比特币系统，并将区块链技术作为构建比特币的数据结构与交易的底层技术。维基百科在其给出的有关区块链的定义中，将区块链比作一种分布式数据库技术，通过维护数据块的链式结构，可以维持持续增长且不可篡改的数据记录。

区块链是以比特币为代表的数字加密货币体系的核心支撑技术。该技术的诞生确保了互联网上价值交换的唯一性、可信任性、安全性。作为比特币背后的分布式记账平台，区块链在无集中式监管的情况下，稳定运行了超过 8 年，支持了海量交易记录，人们对区块链技术的信心不断增强。随着比特币近年来的快速发展与普及，区块链技术的研究与应用也呈现出爆发式增长态势，被认为是继大型机、个人电脑、互联网、移动/社交网络之后计算范式的第五次颠覆式创新，是人类信用进化史上继血亲信用、贵金属信用、央行纸币信用之后的第四个里程碑。

区块链技术的核心优势是分布式存储，通过运用数据加密、时间戳、分布式共识和经济激励等手段，能够在节点不需要互相信任的分布式系统中实现基于信用的点对点交易。可以说，区块链是一台创造信任的机器，让人们在互不信任且没有中立中央机构的情况下做到互相协作。

在比特币兴起之后，越来越多的人开始关注支撑比特币系统的区块链技术的工作原理。区块链是综合数字加密密码学技术、共识机制、P2P 分布式网络、区块成链、梅克尔树等基础技术所形成的新价值网络。因此，可以说区块链并不是一种全新的技术，它只是巧妙地将一些原有技术结合在了一起。1976 年，Whitfield Diffie 和 Martin Hellman 联名发表了《密码学的新方向》，奠定了现代密码学的基础。1977 年，Ron Rivest、Adi Shamir 和 Leonard Adleman 提出了 RSA 加密算法，为区块链技术下的数据安全性提供了保障。1980 年，Ralph Merkle 创造了梅克尔树（Merkle Tree），解决了可信认证问题，相关数据结构与算法被用于分布式网络中数据同步的正确性的校验。1982 年，Lamport 提出拜占庭将军问题，研究了点对点通信中的一致性问题，标志着分布式计算的可靠性理论和实践进入实质性阶段。1997 年，Hashcash 算法被提出，该算法最初应用于对垃圾邮件的防范，而后被用于比特币系统中的工作量证明。1999 年至 2001 年期间，Napster 点对点音乐共享服务、eDonkey2000 点对点文件共享服务、基于 BitTorrent 协议的点对点文件上传/下载软件等的出现为区块链所需的 P2P 网络计算打下了坚实的基础。至此，区块链技术的诞生所需的各类基础技术在理论与实践两方面都获得了成功。

随着比特币系统的持续发展，区块链共享价值体系被众多加密货币效仿。2011 年 11 月，莱特币诞生，该开源软件项目在工作量证明算法上进行了改进，采用 Scrypt 加密算法替代 SHA-256 算法。同时，区块链生态系统也在全球范围内不断进化。2013 年，首次代币发行（ICO）被提出。ICO 用区块链把使用权和加密货币合二为一，为开发、维护、交换相关产品或者服务的项目进行融资。同年 11 月，Vitalik Buterin 发起以太坊（Ethereum）项目。以太坊是一个开源的有智能合约功能的公共区块链平台，通过其专用加密货币以太币（Ether）提供分布式存储的虚拟机（Ethereum virtual machine）来处理点对点合约。自 2015 年 7 月以来，以太坊陆续发布了 Frontier（前沿）阶段、Homestead（家园）阶段和 Metropolis（大都会）阶段三个版本，普通用户也可以使用以太坊网络。2015 年，Linux 基金会发起首个面向企业的区块链数字技术和交易验证的开源项目——超级账本（Hyperledger），成员包括荷兰银行、埃森哲等十几个不同的利益体，项目目标是让成员共同合作，满足多种用户案例，共建跨行业商业区块链开放平台。2016 年 4 月，R3CEV 面向金融相关行业推出了分布式账本平台 Corda，该平台借鉴了区块链的部分特性（例如 UTXO 模型及智能合约），但在本质上不同于区块链（例如数据仅对交易双方和监管平台可见）。

可以看出，区块链技术正是上述加密数字货币构造和流通的基础技术。但是，加密数字货币并不等同于区块链，而是区块链在特定领域的变体。区块链是一种更广泛、更抽象的概念，拥有更多形态，具备更多用途，适用于更多体系。

那么区块链究竟是什么呢？实质上，区块链的核心就是区块与链。区块链是一个分布式数据库，该数据库由一串使用密码学方法产生的数据区块有序链接而成，区块链中包含一定时间内产生的无法篡改的数据记录信息。目前各类区块链平台按照准入机制可分为公有链、联盟链和私有链三类。表 2－1 从定义、分布式存储的程度、共识过程参与者、主要特点、典型代表等方面对这三类平台进行了对比介绍。

表 2-1　公有链、联盟链和私有链的比较

	公有链	联盟链	私有链
定义	全世界任何人都可读取的、任何人都能发送交易且交易能获得有效确认的、任何人都能参与共识过程的区块链	对特定组织、团体开放，共识过程受到预选节点控制的区块链	对单独个人、实体开放，共识过程受限，只有特定的参与者拥有该权限的区块链
分布式存储的程度	完全分布式	部分分布式	分布式程度极低
共识过程参与者	所有节点	授权节点	收归内部控制
主要特点	分布式存储程度高，可信任程度高，交易效率低，访问门槛低	交易效率较高，隐私有保障，监管控制程度较高	参与节点有限可控，交易效率极高，不易被恶意攻击，交易成本低
典型代表	比特币、以太坊	Ripple、Corda、Hyperledger	机构控制下的商业组织开发的企业自身系统上链

现代社会，信用是人、组织机构之间进行生产、维持社会关系的基础，目前人们主要采用规定、制度、法律、合同契约等来约束社会信用问题。传统的信用建立依靠“核心机构”，譬如各类金融中介。核心机构拥有权威性，信息的准确度与可信度得到一定保障，但是核心机构普遍存在高成本、低效率和数据存储不安全等客观现实问题。例如，2015 年杭州市萧山区某地光缆被挖断，导致全国多地支付宝使用出现故障。集中化的后台数据库存在巨大风险，数据库遭受物理损坏、数据库与外部终端通信出现问题都会导致数据库无法正常运行。同时，过度的集中化会产生不对称的信息，存在利用权力损害参与者的利益、损害市场其他方利益的情况。分布式存储是区块链技术的颠覆性特点，系统中不再存在层级结构的管理与控制，而是通过网络节点之间的微观交互和竞争博弈来实现系统运行，保证了信息的公开透明与真实性，使得高效率、大规模的信息交互方式成为现实。

狭义而言，区块链本质上是一个分布式存储的、可信任的、可共享的、不可篡改的分布式数据库系统。该系统由多个独立节点参与组成，如同一个公开的账本，每个节点都可以记账、查账，但是没有任何单一节点能够独立控制账本，所有节点共同参与，按照严格的规则和公开的协议不断更新账本。与现有

的分布式存储方式不同，区块链分布式账本是同步的，而不是在一个账本形成之后再制成多个备份。系统中的所有数据以密码学方式保证其不可篡改和不可伪造性，并安全地分布式存储在数据块中。数据块按照时间顺序以链条的方式组合成特定的数据结构，最终构成了区块链。广义的区块链技术则是利用加密链式区块结构来验证和存储数据、利用分布式节点共识算法来生成和更新数据、利用自动化脚本代码（智能合约）来编程和操作数据的一种全新的 P2P 基础架构与分布式计算范式。

2.2 区块链的主要特征

区块链的主要特征可总结为以下三点：

1. 分布式存储

分布式存储是区块链最本质的特征。分布式存储是指不存在占据主导地位的核心节点，区块链中的每个节点地位平等，而区块链中的数据由所有节点共同维护。同时，每个节点必须遵循相应规则，这些规则不是由某一特定节点制定，而是由基于密码学原理及共识算法的体系决定。所有数据及数据操作不需要核心机构或第三方机构背书，从而完成由对特定节点或机构的信任到对体系的信任的转变。

2. 安全性

在传统网络结构中，由于核心机构的主导地位，对核心节点的针对性攻击容易导致整个网络的崩溃。而在区块链网络中，由于每个节点的地位平等，攻击单个节点无法控制或破坏整个网络。如果需要修改单个节点的数据，就需要掌控网络中 50%以上的节点，代价极高。因此区块链中的数据也有永久存储、无法篡改的特征（具备特定需求的私有区块链除外），从而提高了整个区块链系统的安全性和可靠性。

3. 公开性

区块链的数据、数据操作是对所有节点公开的。所有节点都可以通过公开的接口进行数据查询和数据操作，同时这些数据和操作也可以被追溯和查询，进一步保证了整个区块链的安全性和体系的可信任性。

2.3 区块链的密码学基础

从技术角度分析，区块链是一种按时间顺序将数据区块以顺序相连的方式组合成的链式数据结构，并由密码学技术、共识机制、P2P 分布式网络等多种基础技术共同保证的不可篡改和伪造的分布式账本数据库。

1. 加密算法

现代密码学关注信息保密、信息完整性验证（消息验证码）、信息发布的不可抵赖性（数字签名）以及在分布式计算中产生的源于内部和外部的攻击的所有信息安全问题。根据密钥类型的不同，我们可将现代密码学技术分为两类：对称加密算法与非对称加密算法。

对称加密算法是指在加密和解密过程中使用相同密钥的算法。这类加密算法加解密速度快、效率高。但是一旦运用这种加密算法，所有参与方就都需要持有密钥，由此可能会出现由密钥泄露引发的安全性问题，由此，在密钥传递过程中，通道的安全性至关重要。

区块链中所采用的加密方式为非对称加密算法，与传统的对称加密算法需要甲、乙双方传递密钥不同，这种算法中一共出现了两个不同的密钥，分别为公开密钥（public key，简称公钥）和私有密钥（private key，简称私钥）。公钥可以向他人公开，私钥则保密，并且不能够通过推算得出。用公钥（私钥）加密的数据可用对应的私钥（公钥）进行解密，从而避免了通信双方交换密钥带来的不安全性，建立了更加安全、保密的通信环境。

非对称加密算法的安全性通常基于离散数学、质因子分解、椭圆曲线等经典数学问题，目前的代表算法有 RSA 算法、椭圆曲线算法、ELGamal 算法等，在区块链中通常采用的算法为椭圆曲线算法。

椭圆曲线算法作为一种非对称加密算法，利用了定义在有限域上的椭圆曲线进行加密。这种算法与同为非对称加密算法的 RSA 算法相比具有更高的安全性和更小的计算量，同时，这种算法只需要占用较小的存储空间，并且对于带宽的要求也较低，因此，与其他非对称加密算法相比，椭圆曲线算法有着明显的优势。比特币体系使用了基于 secp256k1 椭圆曲线的公钥密码学算法，其中，包括公钥和私钥。在一笔交易进行的过程中，交易的发出者利用私钥进行签名，而后将签名与交易信息发送到整个比特币网络，网络中的其他节点对这笔交易进行认证。其中，签名算法保证了交易是由交易方本人所发出的，从而确保了交易的准确性与安全性。

对称加密，也称为秘密密钥加密，加密和解密均采用同一把密钥，通信双方都必须获得这把密钥。非对称加密，也称为公开密钥加密，需要公开密钥和私有密钥两个密钥，一个用于加密，另一个用于解密。使用其中一个密钥对明文加密后所得的密文只能用对应的另一个密钥才能解密得到原来的明文；最初用来加密的密钥也不能用于解密。表 2－2 从对称加密算法与非对称加密算法的安全性能、速度性能、适用数据量大小、常见典型算法等方面，将两者进行了对比。

表 2－2 对称加密算法与非对称加密算法的对比

	对称加密算法	非对称加密算法
安全性能	密钥的管理过程复杂，管理效果直接影响安全系数	基于数学原理保证算法的可靠性，有效解决了密钥管理问题
速度性能	密钥尺寸小，加密速度快	密钥尺寸大，加密速度慢
适用数据量大小	大量数据	少量数据
常见典型算法	AES（advanced encryption standard） DES（data encryption standard） 3DES（triple DES）	ECC（elliptic curve cryptography） DSA（digital signature algorithm） RSA

数字签名是在区块链体系中经常用到的一种鉴别数字信息的方法，与写在纸上的物理签名相似，只不过运用了非对称加密的原理。一套数字签名通常定义两种互补运算，一个用于签名，另一个用于验证。其中，签名的过程是加密的过程，数据的发送方将摘要信息用私钥进行加密，而后与原文一并发送给接收方；而数字签名的验证过程则是解密的过程，接收方利用发送者的公钥对被

加密的摘要信息进行解密，而后与原文生成的摘要信息进行对比，相同则代表信息在传输过程中没有被修改，不同则说明信息已被修改，因此，数字签名能够验证信息的完整性。数字签名的常用算法包括 DSA 和安全性更好的 ECDSA（elliptic curve digital signature algorithm）等。

2. 哈希算法

哈希算法（Hash algorithm），又称散列算法、杂凑算法，是一种从任意文件中创造小的数字“指纹”的方法。哈希算法将目标文本转换成具有相同长度的、不可逆的杂凑字符串（或称消息摘要），而前文所述的加密算法是将目标文本转换成不同长度的、可逆的密文。哈希算法可将任意长度的二进制值（明文）映射为较短的固定长度的二进制值（哈希值），并且不同的明文很难映射为相同的哈希值。也就是说，对于给定的哈希函数 f，输入 x 可映射为长度固定的输出 $f(x)$，且具备如下性质：

（1）强抗冲突性：如果两个输入 $x_1 \neq x_2$，那么 $f(x_1) \neq f(x_2)$ 恒成立。

（2）不可逆性：给定 $f(x)$，从 $f(x)$ 逆推出 x 不存在计算上的可行性。

（3）在现有数学理论基础上仅能通过穷举法才能确定 $f(x)$ 值的范围（截至 2018 年）。

目前主流的哈希算法包括 MD5、SHA-1 和 SHA-2。

MD5（RFC1321）是 Ronald Rivest 于 1991 年提出的针对哈希函数 MD4 的改进版本。MD5 可以产生出一个 128 位（16 字节）的哈希值，例如，Hello Blockchain World 经过 MD5 映射后变为 2cd5dc883bf3cd3c767901262cfed7df。MD5 在安全性能上有所欠缺，已被认定为不具备“强抗冲突性”。

安全哈希算法（secure Hash algorithm，SHA）是由美国国家安全局设计、美国国家标准与技术研究院发布的一个密码哈希函数家族，1993 年发布第一个算法，包括 SHA-1、SHA-225、SHA-256、SHA-384 和 SHA-512 五种变体，其中后四种哈希函数并称为 SHA-2。SHA-1 1995 年面世，2005 年被密码学家成功破译，它输出长度为 160 位的哈希值，抗穷举性好，但 SHA-1 同样被证明不具备“强抗冲突性”。SHA-2 目前尚未出现过被破译的情况，因此 SHA-2 拥有较高的安全性。其中，SHA-256 是被比特币体系采用的加密算法，它可以接受任意长度的输入，并通过加密算法将信息变成 256 位输出。一般认为 MD5 和 SHA-1 已经不够安全，多数实际应用至少使用 SHA-256 算法。

哈希算法和加密算法在一定程度上都可以起到对数据进行保护的作用。如果被保护的数据仅仅用于比较验证，在以后不需要还原成明文，则可使用哈希算法；如果被保护的数据在以后需要被还原成明文，则需要使用加密算法。

此外，在区块链中还用到了一些编码算法，如 Base58 编码、DER 编码等。

Base58 编码是比特币中采用的一种独特的编码方式，主要用于产生比特币的钱包地址。与网络中最常见的 Base64 编码相比，Base58 不使用大写字母 O 与数字 0，不使用大写字母 I 和小写字母 l，从而避免了混淆。而且这种编码不使用符号“+”和“/”，这是因为非字母或者数字的字符串作为账号的一部分难以被接受。同时，Base58 编码没有标点符号，通常不会从中间分行，而且大部分软件支持双击选择整个字符串。

3. 区块链的数据结构

分布式数据库是指通过网络对几个离散的数据库（称为节点）进行统一管理从而形成的一个逻辑统一的数据库。其中，各个节点都具有完整的数据存储，并通过网络达成数据一致。区块链的分布式数据库的实质主要体现在：每个节点都具有完整的链式结构的完整存储，并通过共识算法保证存储的一致性。

区块链中使用了哈希指针（Hash pointer）这一数据结构。哈希指针与普通指针的区别在于哈希指针不仅可以指向数据存储的位置，还可以指向时间戳下该数据的哈希值，从而可以验证数据是否被篡改过。

我们可以将区块链理解为利用哈希指针构建的链表结构。

由此可以解释区块链不可篡改的特性。一旦某一区块的数据被修改，则该区块的前一个区块的哈希值将会与之不匹配，于是需要继续修改前一个交易区块的哈希值，依此迭代，可以追溯到该链表的头部，即创世区块。由于创世区块不能被修改，因此，一旦供应链上某一交易区块被区块链确认且存在于区块链的最长链中，则无法对其进行篡改和伪造。

利用哈希指针还可以构建二叉树（称为梅克尔树）。在梅克尔树中，每个数据区块都被两两分组，指向这些区块的指针被存储在上一层父节点中，而后本层的区块将作为父节点存储下一层区块的指针，依次循环，直至到达梅克尔树的根节点。

因此，由哈希指针构建的梅克尔树中的数据仍然具有不可篡改性，每当某一个数据区块的内容被篡改时，就会导致上一层的哈希指针不匹配，因此需要继续修改上一层的数据区块，由此导致每一层的区块都被更改，一直到树的顶端的第一个区块，因此，只要记住梅克尔树顶端的哈希指针，任何对于数据的篡改就都会被发现，这保证了在这种数据结构下数据区块的不可篡改性（见图 2 - 1）。

以比特币为例，在比特币体系中，用地址来标识每笔交易的发起方和接收方，每笔交易的信息都会被记录到区块中，每一个区块均包含固定时间段内的全部交易信息。每一个新区块生成后，都会被时间戳标记，在被认可后连接到已有的最长链上，最终得到按照时间先后顺序排列的电子交易证明。在比特币网络中，节点之间建立了点对点的联系，从而组成了一个分布式电子交易记录时间戳服务器系统。

时间戳的关键意义在于使得各个区块通过时间线有序地连接起来，形成了一个链条。时间戳给每个数据信息都加盖了时间标签，从而让每一条交易信息都具有唯一性，为交易信息的精确定位提供了可能，同时使得交易信息可以很轻松地被追溯，也为其他校验机制协同发挥作用提供了极大的便利和确定性。由此，整个区块链体系可以确定性地验证某条数据记录是否真实。在区块链中，后生成的交易信息都是建立在已经存在的交易信息的基础上的，时间戳的存在使得区块链各个区块之间环环相扣。如果要篡改某个区块的信息，那么这个区块之间的全部区块都需要被修改。虽然在区块链形成的过程中可能有多个链条，但是因为默认最长的链为正确的链，因此，如果要进行伪造，则需要构造一条比最长的链还要长的链，但是，随着时间的推移，构造一条比最长的链还要长的链的难度与成本都呈指数增长，因而这种做法往往是得不偿失的。此外，因为区块链中的每个节点既是客户端又是服务器，因此对于区块链网络的攻击很难起到像对传统的中央处理节点的攻击一样的效果，在一般情况下，很难对区块链体系造成重大的冲击。这保证了区块链系统的安全性和可信任性。

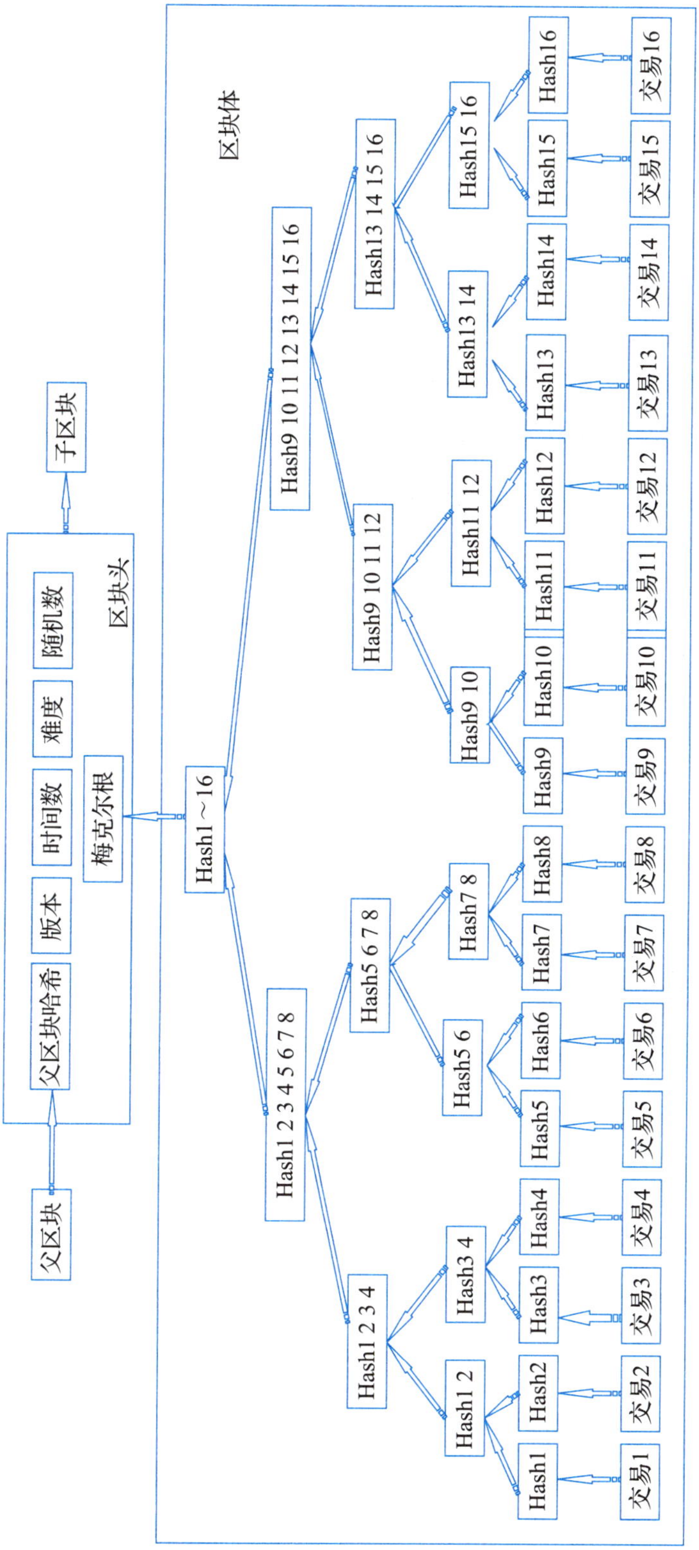

图 2-1　区块链的数据结构

2.4 本章小结

本章围绕区块链的密码学基础展开，首先介绍了区块链的基本概念和在分布式存储程度的标准下区块链的分类，并详细解释了不同种类的区块链的特征与适用范围，同时还以当下不同区块链的应用作为例子进行说明。

然后，本章介绍了区块链的基本特征，即分布式存储（最主要特征）、安全性以及公开性。对密码学技术原理的介绍分为三个部分，分别从区块链的加密算法、哈希（散列）算法以及数据结构三个方面介绍了区块链在密码学基础中应用的技术。通过对这三个方面的详细解释，我们可以发现，正是这些精密的技术使得区块链具有较高的安全性与可信任性。

思考题

1. 请简述区块链的概念。
2. 请举例说明区块链的分类情况。
3. 请结合自己的理解，具体解释区块链具有的特征。
4. 请说明区块链的密码学技术对其特征的影响。

第3章

区块链的分布式存储特性

本章学习目标

- 了解拜占庭将军问题的主要内容
- 了解区块链的网络架构
- 理解区块链的多种共识算法以及不同共识算法的应用

区块链的共识机制为其分布式存储特性提供了技术基础。作为区块链的特性，分布式存储并不是绝对的，例如在比特币体系中，虽然系统是分布式的，但某些帮助用户管理比特币的平台或者软件既可以是分布式的，也可以是集中化的。

3.1 拜占庭将军问题

拜占庭将军问题是莱斯利·兰伯特提出的点对点通信中的基本协议问题。拜占庭作为东罗马帝国的首都，幅员辽阔，拥有巨大的财富，每个军队都相隔很远，将军与将军之间只能依靠信差传递消息。在战争发生的时候，军队中可能存在叛徒，假设在所有部队中需要有超过半数的将军共同攻打敌军才能取得胜利，但若同意攻打的部队中存在叛徒，则可能会导致该部队只口头同意攻打而不付诸实践，从而可能会战败。也就是说，叛徒的存在会使得各个部队达成的共识结果并不能代表大多数人的意见，由此就形成了拜占庭将军问题。简单来说，拜占庭将军问题是指在已知有叛徒存在的情况下，其余忠诚的将军如何不受叛徒的影响而达成一致的问题。

拜占庭将军问题的解决方案主要有两种，即通过口头协议的方法和通过消息签名的方法。

通过口头协议的方法默认了每个被发送的消息都能够被正确投递，并且消息的接收者能够知道消息的发送者和缺少的消息。这种方法在叛徒数目少于将军总数的 1/3 时解决了拜占庭将军问题，但是，这种方法不能对消息进行溯源。而通过书面协议对消息进行签名则解决了这一问题。这种方法除了要满足口头协议中的需求以外，还要求签名不可伪造，一旦被篡改即可被发现，并且任何人都可以验证签名的可靠性。这种算法虽然解决了消息的溯源问题，但是对于信息的传输延迟问题、签名的分布式问题等依旧没有给出完美的解决方案。

而在区块链中，可以根据体系中的共识算法对这个问题予以解决。例如，在比特币体系中，发送信息需要一定成本，这个成本被定义为“工作量”，节点需要完成一定的哈希计算工作量才可以向其他节点发送消息。当用户将交易信息发送到网络上时，需要利用公钥对消息进行加密签名，这可以类比拜占庭将军问题中通过书面协议进行签名的解决方案。哈希计算速率的限制与公钥加密的限制使得由区块链构成的网络成为一个可信的网络，所有用户都可以在此网络上达成共识。

3.2 区块链网络

区块链采用了基于 P2P 的网络架构，在 P2P 网络中，每一个节点都是相互对等的，各个节点共同提供网络服务，在整个网络中不存在任何特殊的核心节点。P2P 网络除了在区块链体系中使用外，早在文献共享领域已经有了广泛的应用。

区块链的主要工作流程如下：

（1）在新的交易产生时，消息的发送方将交易信息在全网进行广播。

（2）接收节点对收到的数据记录进行检验，通过检验后将数据记录组装成区块。

（3）当且仅当包含在该区块中的交易都是有效的，并且通过了该区块链中共识算法的验证，其他节点才会认同该区块的有效性。

（4）其他节点在表示接收该区块后，会将该区块纳入区块链中进行存储，并在该区块的末尾制造新的区块来延长整个区块的链条。

在区块链体系中，交易和区块信息的广播是通过洪水算法（flooding algorithm）进行的。在交易信息传播的过程中，每一个收到信息的节点均会向与它相连的全部节点发送信息，下一个收到信息的节点也会进行同样的操作，由此，指数增长的传播速度会使得信息很快覆盖整个网络，就像洪水泛滥一般，通常在一两秒内信息就可以传遍整个网络。每次将信息在全网进行广播时，其实并不需要将信息传达至全部节点，只需要将数据信息传到足够多的节点即可保证交易信息被整合进区块中，而且在对区块进行广播时，区块链具有很好的容错能力。假若一个节点没有收到某区块，那么该节点将会发现自己缺失了该区块的内容，并会向其他节点提出下载该区块的请求。

在区块链体系中，始终将最长的链认定为正确的链，并不断在它的基础上持续延长，每次接收新的区块时，都会将区块连接到最长的链中。假若同时有两个节点广播不同的区块，那么其他节点接收这两个区块的时间会有先后的差异，在这种情况下，它们会在先接收到的区块上进行工作，但也会保留另外一个链条，直到共识算法进一步运行使得其中一条链被证明是较长的一条，而在另一条分支链上工作的节点将转换阵营，开始在较长的链上工作。

区块链之所以具有安全性、不可篡改性以及公开性，是因为具有两大方面的关键技术：一方面是上一章中解释的加密机制，另一方面则是共识算法。共识算法是区块链中节点保持数据一致、准确的基础。在实践中，要在尽可能少的时间内保证分布式数据记录的安全性以及不可逆性，需要做到两方面：一是选择一个节点来生成区块，二是使分布式数据记录不可逆，而实现这个流程的核心技术就是共识机制。共识机制可以保证新的区块能够被准确地添加到区块链上，并且保证节点存储的区块链信息一致且不分叉，甚至能够抵御恶意攻击。本章的剩余内容将介绍当前主流的共识机制。

3.3 区块链的共识算法

共识算法用于一个时间段内，对事物的前后顺序达成共识，以保证分布式系统的一致性。共识机制是指区块链事务达成分布式共识的算法。共识算法是区块链里每个节点必须遵守的规则，规则的最终体现就是比特币的最长链。共识算法保证区块链在最长链上运转（最长链法则），从而保证整个系统的一致性和可靠性。共识算法是区块链的灵魂，维系着区块链世界的正常运转。如果分布式系统中各个节点都能保证以十分强大的性能无故障地持续运行，则可以通过简单投票实现共识过程。然而，现实中，响应请求往往存在时延、网络会发生中断、节点会发生故障，甚至存在恶意节点故意破坏系统。

1982 年莱斯利·兰伯特提出拜占庭将军问题，分布式对等网络中需要按照共同一致策略协作的各节点即为问题中的将军，而各节点赖以进行通信的网络链路即为信使。拜占庭将军问题描述了节点或网络链路出现错误，甚至被蓄意破坏者控制的情况。一般地，普通故障称为"非拜占庭错误"，恶意响应称为"拜占庭错误"。对于非拜占庭错误，主要共识算法包括 Paxos、RAFT 及其变种。对于拜占庭错误，主要共识算法包括 PoW（proof of work，工作量证明）、PoS（proof of stake，权益证明）、PBFT（practical Byzantine fault tolerance，实用拜占庭容错）等。表 3-1 介绍了 PoW、PoS、PBFT 等共识算法的核心概念、主要优劣势等。

表 3-1 PoW、PoS、PBFT 等共识算法的比较

	PoW	PoS	PBFT
核心概念	工作量证明要求用户进行一些耗时适当的复杂运算，并且答案能被服务方快速验算，以此耗用的时间、设备与能源作为担保成本，以确保服务与资源是被真正的需求者所使用	权益证明引入了币龄的概念。币龄能反映一个用户在交易时刻拥有的货币数量。该算法使用伪随机数的方式根据各节点的币龄分配相应的权益	在 PBFT 算法中，客户端的请求需要经过请求、序号分配、交互、序号确认、响应 5 个阶段才能完成，且需要 $3f+1$ 个节点才能容忍 f 个拜占庭节点。节点间通过协商达成一致，该算法可以保证当不多于三分之一的节点发生拜占庭错误时区块链仍能正常运转

续表

	PoW	PoS	PBFT
代表应用	比特币	点点币	Hyperledger
主要优势	原理简洁、完全分布式	可在更短的时间内达成共识，不需要巨大的电力成本	安全性好、共识效率高
主要劣势	需要巨大的电力成本、共识效率低、资源浪费、有分叉的可能性	采用了权益结余，这可能会导致某些账户的权力很大	一旦主节点发生错误，就会触发视图更新和所有节点的视图变化，这在一定程度上影响了系统的性能

1. 工作量证明

工作量证明（PoW）是用来确认节点已经做过一定量的工作的证明。工作量证明这一协议要求区块的发起者通过消耗计算机一定的时间进行一定量的运算，以此达到应对拒绝服务攻击和其他服务滥用的经济对策的目的。

工作量证明的基本流程为：

（1）节点监听全网的数据记录，验证数据记录的合法性通过后，对数据进行暂存。

（2）节点消耗自身的算力尝试不同的随机数，进行指定的哈希运算，直至找到符合条件的随机数。

（3）生成区块信息，按照区块头—数据记录的顺序生成信息。

（4）对外广播新产生的区块，在其他节点验证通过后方可连接至区块链，而后在此基础上对新的区块进行相应操作。

在应用工作量证明机制的系统中，客户端需要进行一定难度的工作，但验证方却是易于验证的，很容易通过结果来检查客户端是否完成了相应的工作量。

以比特币为例，网络中的节点如果想生成区块，则需要解出比特币网络中有关工作量证明的谜题，这里的谜题的三个关键要素分别为：工作量证明函数、区块和难度值。工作量证明函数规定了这道谜题的计算方法，区块决定了这道谜题的输入数据，而难度值则代表了解决这道谜题所需要的计算量。

在比特币体系中，所用到的工作量证明函数为 SHA-256。而所谓的区块就是在工作量证明的过程中产生的，其中，区块头是比特币进行工作量证明的输入数据，节点通过不停地构造区块数据，检验每次的计算结果是否满足要求的工作量。在比特币系统中，难度值不是固定不变的，而是不断调整的，因为比特币的区块大约每十分钟生成一个，而且新区块的产生也要基本保持这个速度，因此，难度值是根据全网的算力变化进行调整的，即要保证无论节点的计算能力如何，新区块的产生速率基本不变，从而，若全网的计算能力在不断提高，则会导致比特币系统要求的难度值也在不断提高。在实际应用中，难度值会每隔 2 016 个区块统一调整一次。假设平均每十分钟产生一个新的区块，那么产生 2 016 个区块所需要的时间为 20 160 分钟，根据实际时长与期望时长的比值，调整下一阶段难度值的大小。

比特币节点在解决工作量证明问题方面的流程为：

（1）利用交易列表，通过梅克尔树算法生成梅克尔树的根节点的哈希值。

（2）组装区块头并将区块头的 80 字节数据作为比特币工作量证明的输入。

（3）不断变更区块头中的随机数，对每次变更后的区块头做双重 SHA-256 运算，将结果哈希反转并与当前网络的目标值对应的十进制字符串对比，直到结果小于目标值，此时表示工作量证明完成。

在比特币体系中，我们通常将进行工作量证明这一过程称为“挖矿”，而从事挖矿工作的节点通常被称为“矿工”。但是由于比特币的运算难度不断呈指数级上升，这导致单个矿工难以在网络中获得区块奖励，由此，人们开发出了可以将单个矿工的少量算力联合起来运作的方法，而这种方式下的网站称为“矿池”。对于矿池内的所有矿工，只要参与了挖矿活动就可以根据对矿池的贡献获得一定比例的比特币奖励。因此，矿池的存在大大降低了比特币的开发难度，但是同时也存在着一些弊端。从矿池角度来讲，它拥有全网较高的算力，一旦算力高出全网算力的 50%，即可对系统发起攻击，这样可能会控制整个系统的开采、记账、分配等活动。同时，在工作量证明机制中，节点达成共识的时间较长，每生产一个区块需要十分钟，因此，单独使用工作量证明协议并不能运用于商业场景。

2. 权益证明

区别于工作量证明，权益证明（PoS）是一种不需要竞争性哈希计算的共识机制，只需要证明人提供一定的对加密货币的所有权即可，因此，权益证明大大降低了对算力资源的消耗。

在进行权益证明的过程中，每创造一个新的PoS区块，该机制都会根据每个节点拥有的币的比例和时间，等比降低节点的挖矿难度，从而在工作量证明的基础上缩短了节点的挖矿时间。在权益证明中，对每个节点的权益的计算涉及一个币龄（coinage）的概念。币龄并不单独指币存在的时间，而是计算币的数目与币在区块链中存在的时间的乘积。例如，持有10个币，在区块链中存在了10天，那么币龄coinage＝10×10＝100。在区块链中，每生成一个新的PoS区块，则清空币龄，每清空365币龄，就会获得一定的利息收益。我们将获得的利息称为权益激励（stakereward）。权益激励的公式可以写为stakereward＝(0.01×coinage/365)×coin，其中，coin为“币”，在本质上是一个常量。

权益证明解决了工作量证明中浪费资源的问题，同时缩短了共识时间。在权益证明中，消耗币龄最多的链为区块链中正确的链，因此，若要对区块链进行攻击，则需要控制较多的币龄，因此大大提高了对区块链进行攻击的成本。不仅如此，在对区块链进行攻击时，币龄也在不断消耗，因此，区块链上的攻击行为将变得更加困难。

权益证明机制通常与工作量证明机制结合起来作为区块链的共识机制。这一结合在点点币（peercoin，PPC）中得到了应用，其中，工作量证明机制主要用于新币的发行，权益证明机制主要用于维护网络的安全。在这个体系中，区块的形式有两种，分别为PoS区块和PoW区块。随着挖矿难度的逐渐上升，系统安全由PoS机制进行维护。权益证明机制根据消耗的币龄产生利息币，并且在造币初期保留了工作量证明机制，使得初期的区块产生方式更加方便。在这个机制中，每个区块都有其所有者的签名，从而避免了区块在受到攻击时被复制而被攻击者使用。假若攻击者对系统发起攻击并复制了多个区块，那么每个接收到虚假区块的节点都会判断新接收到的区块的时间戳和交易记录等配对信息是否重复。如果有重复，则代表此区块是虚假区块并忽略此区块直至该区块被孤立。在点点币体系中，每一个拥有币的人都可以挖到区块，不同于在工作量证明中，因矿池的存在导致算力的集中，使得单一矿工几乎不能获得区块奖励。而在工作量证明与权益证明相结合的机制中，很多区块是由消耗币龄代替了消耗算力产生的，从而降低了算力资源的消耗，优化了单独使用工作量证明的机制。

3. 股份授权证明

由于权益证明机制在本质上依然需要进行挖矿运算，因而运算速度依旧受限，而股份授权证明（delegated proof of stake，DPoS）解决了共识机制运算速度的问题，使得区块链的交易速度可以与当下的电子支付系统在同一级别上竞争。

在权益证明机制中，币龄高的节点被选中产生区块的可能性更大，使得区块产生的权利大多被币龄高的节点掌握，而股份授权证明机制则避免了这一弊端。这种共识机制的流程可以大致分为两部分：第一部分为所有持币节点进行投票，选出获得票数多的部分节点作为代表，这些代表具有广播区块的权利，而区块链上的全部节点在任意时刻都具有选取或者罢免代表的权利；第二部分则是产生区块，选出的代表节点会按照既定的时间表轮流产生区块，在产生区块时，需要收集网络中的交易信息并用私钥对区块进行签名。若代表发布了无效的区块，一旦被发现，系统则会在更多区块发布前选出一个新的代表。若被选中的代表选择不产生区块，则其也有被踢出代表行列的风险。在股份授权证明机制的系统中，网络中的最长链被认定为区块链中的正确链。一旦在网络中出现区块链分叉，就会根据最长链胜出规则选出被认为有效的链。由于被选出的代表是轮流生产区块，因此若在代表中存在恶意节点，那么只要诚实节点生产的区块数目多于恶意节点生产的区块数目，即诚实节点数目多于总区块数目的一半，根据最长链规则，诚实的区块还是会胜出。

股份授权证明机制有着较快的处理速度，做到了秒级的共识验证，比工作量证明机制有了较大的提高，但与工作量证明机制和权益证明机制相同的是，股份授权证明机制依旧需要依靠代币，而许多商业应用中并不需要代币的存在，因而如何将区块链应用于商业场景依旧存在问题。

4. RAFT 算法

RAFT 算法是适用于分布式系统的一致性算法，这种协议通过在节点中选举 leader 后由 leader 节点管理信息的复制保证了整个系统的一致性。在 RAFT 协议下，共有三种节点状态，分别为领导人（leader）、候选人（candidate）、追随者（follower）。该机制的共识过程可以分为两部分：leader 的选举过程和选举完成后的记账过程。在选举过程开始时，节点的状态均为 follower，每个节点都被赋予了一个 150～300ms 的计时器。若在自身计时器超时时仍未收到来自其他 candidate 的投票请求信息，则自身变为 candidate 并邀请其他节点为自己投票；若在计时器超时前收到投票请求，则为节点投票，同时自身计时器置零。candidate 的票数超过节点总数的半数即可变为 leader，此时其他节点变为 follower。leader 在系统中具有记账的权利。一旦现有 leader 崩溃，则会在其余 follower 中重新选举 leader。在记账过程中，leader 率先收到需要被记录的交易信息，收到后将信息记录到自身的日志中，而后向 follower 节点发送该信息。收到信息的 follower 节点将信息添加到自身日志中后会向 leader 节点发送确认消息，leader 在收到确认消息后会再次通知 follower 节点将信息更新，并会收到来自 follower 节点的反馈。若由于网络原因部分节点不能收到来自 leader 的信息，则会在其中选出 leader 并执行 leader 职能。在网络修复之后，该 leader 变为 follower 并将此 leader 下的 follower 所执行的操作回滚。

RAFT 协议通过对 leader 的设置，简化了对记账的管理，但是该协议只支持容错故障节点，并不支持故意发送错误信息的恶意节点。

5. 实用拜占庭容错算法

实用拜占庭容错（PBFT）算法解决了分布式系统中的拜占庭将军问题，使得网络具有高度的容错性。同时，与 RAFT 算法相比，这种算法不仅支持容错故障节点，还支持容错恶意节点。

这种容错机制实现的核心是三阶段协议，三个阶段分别为预准备（pre-prepare）阶段、准备（prepare）阶段和确认（commit）阶段。在预准备阶段，发起节点向所有其他节点发送 pre-prepare 信息，收到信息的节点检查信息的有效性，若信息有效，则该节点进入准备阶段。进入准备阶段后的节点向包括发起节点在内的全部节点发送 prepare 信息，因此每个节点会收到两条信息，分别为 pre-prepare 信息和 prepare 信息，节点在验证这两条信息的一致性并确认信息一致后会进入确认阶段。进入确认阶段的节点需要向其他节点发送 commit 信息，节点收到其他节点发送的 commit 信息后对其进行验证，当节点收到的 commit 信息超过了总节点数目的 2/3（即若总节点数目为 $3f$，收到了 $2f+1$ 个 commit 信息）后即可向发起节点反馈结果，并将结果写入区块。之所以需要确认阶段是为了确认有超过 2/3 的节点已经对信息验证通过。

区别于股份授权证明机制，实用拜占庭容错算法是一种静态的共识算法，适用于已知有限节点的情况，并不适用于拥有大量节点且节点处于不断的动态变化中的网络，因为在动态网络中 PBFT 算法的工作效率不是很高。

6. 瑞波共识算法

瑞波共识算法（Ripple consensus algorithm，RPCA）以较高的性能和较快的处理速度实现了较高程度的拜占庭容错。

在瑞波共识协议中，存在一系列可信任的特殊节点列表（unique node list，UNL）。普通节点若想成为其中的一员则需要现有特殊节点对其进行投票，若投票通过，则可加入节点列表。同样，长期的不活跃节点也不会长时间保留在特殊节点列表中。

在进行共识的过程中，验证节点从网络中的其他节点收集待验证消息，并在验证其合法性后存储在本地，构成交易候选集（candidate set）。然后，验证节点向网络中的其他节点发送本地的交易候选集，验证节点收到后对来自信任节点和自身交易候选集中存在的交易进行投票，在一定时间内，超过半数信任节点投票通过的交易可进入下一步共识，没有超过半数信任节点投票通过的交易将不在本轮共识中确认，验证节点用通过投票的节点生成认可交易列表。在下一步共识中，验证节点发送上个步骤中投票数目超过一半的交易并对其再次进行多轮投票，并不断更新认可交易列表，直至阈值提高至 80%（阈值可更改），投票通过的交易才可以被写入账本数据。该轮共识结束后，继续对上轮未完成共识的交易和新交易完成共识过程。

这种验证方法不需要代币的存在而且实现了秒级的共识，使其有了更加广泛的用途，可以在商业场景中应用。

7. Pool 验证池机制

Pool 验证池机制是基于分布式一致性算法和数据验证机制的一种共识机制，有着秒级以上的共识验证速度。

该种共识机制运用了池结构来提升体系的效率。池结构的运用可以提升程序的速度并降低资源的开销，这种结构被广泛地应用于服务器端的软件开发过程。池结构简化了对象元素的取用过程，无须反复创建和销毁对象，提高了系统的性能。Pool 验证池机制同样不需要依靠代币即可运行，在目前的区块链中也被广泛使用。

3.4 本章小结

本章围绕区块链的分布式特性，从拜占庭将军问题入手，先介绍了区块链网络中面临的可能会存在不诚实节点的问题，然后讲述了如何利用共识算法解决这个问题。

区块链应用于点对点的网络中，本章通过对区块链工作流程的介绍让读者对区块链的运行方式率先有了一个清晰的认识。然后分别介绍了可以应用于区块链的七种共识算法，对每种算法的运行方式、适用范围、优点以及弊端都进行了详细的分析。区块链的分布式程度不是绝对的，没有绝对的分布式程度或相反状态。虽然每一种共识算法的分布式程度不同，但是不同的应用场景对于分布式程度的要求也不尽相同，因此，每一种共识算法没有绝对的好与坏，各自都有不同的应用环境，都可以在未来的应用中进行不断的探索以选择最合适的一种。

思考题

1. 请根据自己的理解，解释区块链的分布式存储特性。
2. 试概括区块链体系的工作流程。
3. 试比较工作量证明机制与权益证明机制的异同。
4. 请简述实用拜占庭算法的运行机制。
5. 试说明区块链的共识机制对区块链的影响。

第4章 区块链的安全性

本章学习目标

- 了解区块链在安全方面面临的问题
- 了解区块链的数据、技术与网络安全
- 了解区块链的安全现状

区块链技术在金融、征信、物联网、贸易结算、资产管理等众多领域都拥有广泛的应用前景。随着区块链技术的日趋成熟、区块链应用生态的进一步扩大、产品用户人数以及应用场景的进一步发展，各种围绕数字货币的应用以及基础设施也不断地丰富完善，整个市场沿着健康的轨道蓬勃发展。2018 年是公认的区块链大年，截至 2018 年 1 月 7 日，整个加密数字货币的总市值甚至达到了 8 000 亿美元。许多大型企业也开始探索区块链精简业务流程的潜力，甚至其颠覆性效果。现如今企业已开始使用区块链建立实际应用程序，例如，立陶宛的 WePower 通过以太坊上的区块链技术购买可再生能源，其目的在于改变可再生电力项目的付费方式。英国的 Verisart 希望通过区块链技术生成艺术品出处证书，从而减少艺术欺诈活动。德勤 2018 年的研究报告指出，金融业等更传统的行业主要将区块链解决方案应用于当前业务模式。而之前的德勤研究报告也显示，74%的传统企业都只停留在设想应用案例的层面，但真正实施的企业数量则要少得多。不过，超过 40%的受访者认为他们的组织未来会采用区块链。毫无疑问，区块链正在获得更广泛的认可，并为企业带来了实实在在的效率提升，使业务架构变形。更重要的是，企业对区块链技术的实际落地应用的信心大幅增加。

4.1 区块链安全概述

区块链的关键转变正在上演。除了传统的币圈风云，随着区块链的经济价值不断提升，不法分子利用各种攻击手段如“盗窃”“勒索”“签名攻击”等获取了更多敏感数据。由于区块链概念和技术作为新兴技术本身就存在众多不足之处，整体生态环境还处于完善之中，因此区块链的安全形势变得更加复杂。应该引起大家注意的是，随着整个行业的蓬勃发展、生态的不断扩大，与之匹配的安全防护力量并不是很成熟，给攻击者留下了太多空间。自诞生以来，区块链安全事故呈现逐年增多的态势，受损金额也不断增大，在 2018 年更是雷暴频频。

区块链安全主要包括应用层安全、智能合约安全、共识机制安全、网络安全、数据安全、密码学安全等方面。任何一个环节出现漏洞，都有可能造成巨大损失。又由于区块链的典型特征是数据的不可篡改性，因此，如果出现安全漏洞，后果将难以消除。即使安全漏洞问题得以解决，也要付出巨大代价，如以太坊的安全漏洞，最终导致了硬分叉。

传统体系的安全攻防与区块链自身体系的安全攻防存在一定的差异，区块链的世界提倡代码即法律，区块链技术安全主要包括基础安全建设、红蓝对抗、安全管理、算力保护、智能合约审计、交易所安全评估等。随着区块链 3.0 时代的到来，整个区块链生态将是一个链上与链下完整结合的开放性应用系统，并且能够解决目前区块链存在的用户界面不友好、安全问题突出、用户体验不佳、性能低下等问题。

需要注意的是区块链并不能解决数据的所有安全性问题，但可以让数据更易为企业所应用，更易为大家所分享。下面我们以病人的病历数据利用为例进行说明。病人的病历数据是病人的私人信息，存储在不同医院的这些数据应该被别的医院、保险公司、政府监管机构等有限共享和利用，避免被医药公司等其他机构查看。传统方式只能将所有数据开放或者限制一些机构的共享，但传统方式很难满足多层次、多维度的数据访问控制，整个数据控制链条的数据复杂性也难以控制。而采用区块链技术的许可链或者联盟链机制和加密算法，可以设立病人拥有这些数据的控制权，控制不同的机构对这些数据的访问，控制获得这些数据的程度。

数据安全问题永远存在，无论是存储、访问、利用等方面还是数据在传输过程中的安全机制保证，单靠区块链技术都不能解决数据安全的全部问题，但是区块链技术的自身密码属性为我们解决了数据传输过程中的大部分安全问题。

4.2 区块链数据安全性

区块链的数据传输受限于三点：计算能力、网络传输速度和存储容量。目前数据传输网络中的主要共识算法均基于计算能力（算力），网络传输速度受限于带宽，而其存储容量不同于传统数据库。在传统数据库中，数据通过表的形式存储在特定的数据结构中，并遵循 CURD（creat，update，retrieve and delete，创建、更新、读取和删除）操作，而区块链定义的数据库是一次写入只读数据库，这种操作并非意味着区块链数据库不能修改，而是数据的每次操作（包括修改）都是有据可查的，每一次对数据库内容的修改都表现为追加一条最新数据作为对之前操作数据的修正。随着操作数的增长，不断地加入新的数据块，这是区块链数据库设计方面的优势，但是随着容量的增长，区块链会变得越来越昂贵。由于区块链的成本高，因此尽可能保持区块链最小化是非常重要的。在开发区块链网络之前，这是需要决定的最重要的业务决策之一。但区块链大大提高了数据分析的透明度。与以前的算法不同，区块链的设计拒绝任何它无法验证并且被认为可疑的输入。因此，像零售这样的行业，分析师只处理完全透明的数据。换句话说，区块链系统识别的客户行为模式完全可能比现在更加准确。

在了解了区块链数据的存储形式后，我们需要明确在数据传输时对于安全的具体要求：

（1）消息的发送方能够确定消息只有预期的接收方可以解密（不保证第三方无法获得，但保证第三方无法解密）。

（2）消息的接收方可以确定消息是由谁发送的（消息的接收方可以确定消息的发送方）。

（3）消息的接收方可以确定消息在途中没有被篡改过（必须确认消息的完整性）。

对于要求（1）的解决，主要是通过加密的方式。加密方式主要有对称加密和非对称加密两种。对称加密，也称为单密钥加密，在加密和解密时使用的是同一个密钥；而非对称加密需要两个密钥来进行加密和解密，这两个密钥是公钥和私钥。公钥与私钥是一对，如果用公钥对数据加密，那么只有用对应的私钥才能解密；如果用私钥对数据加密，那么只有用对应的公钥才能解密。

在非对称加密算法中信息的发送方和接收方都分别有两个密钥，分别为私钥和公钥，包括各自的私钥和彼此的公钥，私钥由数据的发送方自己独自持有，公钥则可以公开。这里涉及两种模式，它们分别为加密模式和认证模式。在认证模式中，发送方用私钥加密数据，向接收方发送数据，接收方用公钥解密，因为私钥是唯一的，所以只要数据解析成功就可以确定数据发送方是谁，这样要求（2）也就解决了。要求（3）可通过数字签名的办法解决。数字签名（又称公钥数字签名、电子签章）是一种类似于写在纸上的、普通的物理签名，只不过数字签名利用了公钥加密领域的技术来实现，数字签名属于鉴别数字信息的方法。一套数字签名通常定义两种互补的运算：一个运算用于签名，另一个运算用于验证签名（验签）。数字签名的作用是：保证信息传输的完整性、进行信息发送者的身份认证、防止交易中的抵赖发生。

区块链中的隐蔽地址是为了解决输入输出地址的关联性问题。每当发送方要向接收方发送一笔金额的时候，发送方会首先通过接收方的地址（每次都重新生成），利用椭圆曲线加密算出一个一次性的公钥。然后发送方将这个公钥连同一个附加信息发送到区块链上，接收方可以根据自己的私钥来检测每个交易块，从而确定发送方是否已经发送了这笔金额。当接收方要使用这笔金额时，可以根据自己的私钥以及交易信息计算出一个签名私钥，用这个私钥对交易进行签名即可。

隐蔽地址虽然能保证接收者的地址每次都变化，从而让外部攻击者看不出地址的关联性，但并不能保证发送方与接收方之间的匿名性。签名者的地址可以形成一个环形，由于环中各个地址的地位看上去彼此相等，因此外界很难猜测发起者是谁，这就是环签名。环签名技术大大提高了区块链的匿名性、安全性。

在区块链技术的成功应用——比特币中，采用了一种更加简单直接的方式，即利用 P2P 协议维护整个比特币网络集群，不需要某个核心机构协调节点之间的通信，不需要所有机器投票维护集群状态。而是通过 P2P 协议进行节点之间的数据传输，任何节点只要通过验证都可以随时加入或者离开比特币网络集群，而不会对比特币网络集群产生影响，也不需要特意去修复这个集群中的故障机器，这就大大提高了区块链网络的健壮性。P2P 网络中的所有节点上都存有账本的全部数据，并且更新数据时如果自身数据与大部分节点的数据不一致，则自动更新数据与大多数节点存储的数据保持一致。这种网络修复保证了整个网络集群的健壮性，使得整个网络实现了自主驱动、自主更新，保证了整个网络的活力。

但并不是区块链的每种实现方式都需要重新思考大型系统，它也可以通过其他方式实现，以让组织机构和企业从中获得巨大的直接价值，其中最重要的领域便是安全行业。

区块链由于其构建方式不可渗透，理论上可存储任何类型的数据，因此在数据安全方面的应用非常有意义。随着互联网设备的不断增多和云计算的不断普及，针对网络边界的威胁途径激增；另外，勒索软件和国家支持型黑客攻击等为恶意攻击者提供了新的牟利途径，因此网络安全状况比以往都要严峻，区块链作为保护数据安全的新设计模式，其出现可以说恰逢其时。

4.3 区块链技术安全性

区块链本身具有“人人为我，我为人人”的大众特性，众多区块链应用的大规模展开，为我们带来了各种各样的应用服务，其中包括复杂的业务逻辑和技术迭代。随着业务场景的日益复杂，其安全问题也越发突出。数字钱包、软件病毒、应用软件漏洞等问题体现得越发明显。区块链系统本身由于共识算法的不完善所引发的双花攻击、数字货币分叉、智能合约漏洞等事件也频频发生。随着电子钱包的普及，其芯片安全、硬件非对称加密算法、硬件分布式账本的技术探索的脚步也在加快。如果区块链的安全性问题不能得到有效解决，那么区块链技术在各个行业的具体应用将无从谈起。

应用层通常成为攻击者首选的目标，也就是最常见的各种交易平台。安全问题包括交易所服务器未授权访问、交易所分布式拒绝服务（DDoS）攻击、员工主机安全问题、恶意程序感染等几个方面。智能合约层则是整个安全防范的重点，智能合约一旦发布就会极难修改。合约的安全与否往往决定了一个项目的生死，世界知名的 The DAO 事件就是被重入攻击，导致了数千万美元的损失。涉及智能合约开发的代表性项目有区块链钱包、众筹基金、区块链代币发行、区块链游戏等。未授权访问攻击、智能合约编程隐患等都是合约层的常见问题。对于底层结构层和基础设施层安全，需要注意区块链实现层安全隐患、针对社区的 DoS 攻击、EVM 安全隐患等。此外，安全意识与管理也是一个都不能少，含如何识别防范社会工程学攻击、内部攻击、第三方风险控制失败、钓鱼攻击。

根据区块链自身的密码学特性和不可篡改性，从数据层直接悄无声息地更改链上的存储数据几乎不可能做到，但目前的公式算法效率较低、智能合约结构比较单一且缺乏统一规范，这导致在共识阶段和智能合约处理阶段出现众多漏洞，导致用户隐私泄露、货币丢失。目前众多攻击者均会选择从智能合约和应用层对区块链系统进行攻击。

随着区块链技术在各个行业内的渗透，其面临的安全问题也越来越严重，数字货币钱包作为个人虚拟货币的新载体，其安全性也大大提高。基于区块链技术的数字货币钱包的本质即明文私钥。数字货币钱包分为冷钱包和热钱包。冷钱包是指网络不能访问私钥的钱包。冷钱包往往依靠“冷”设备确保比特币私钥的安全，比如不联网的电脑、手机、写着私钥地址的笔记本等。冷钱包避免了被黑客盗取私钥的风险，但是可能面临物理安全风险，比如电脑硬盘损坏等。热钱包是指互联网能够访问私钥的钱包。热钱包往往采用在线钱包的形式。使用热钱包时，最好在不同平台设置不同密码且开启二次认证，以确保自己的资产安全。

当前区块链系统的智能合约还处于初级阶段，合约的规范性和严谨性难以保证，其审计策略的验证形式和安全规范还在不断完善。另外，常见的共识算法（如 PoW、PoS、DPoS、拜占庭容错等）各自有其缺陷，难以满足多种场景要求，其安全性均有脆弱的一面。此外，共识算法的切换也不成熟，如何将多种常用的共识算法融合以及在动态运行过程中自由切换共识算法也是未来探索的方向之一。

4.4 区块链网络安全性

区块链常用的 P2P 网络模型有三种：全分布式非结构化网络、分布式结构化网络、半分布式网络。其 P2P 网络常面对的攻击模式有 DDoS 攻击、女巫攻击、日食攻击。

DDoS 攻击指借助于客户/服务器技术，将多个计算机联合起来作为攻击平台，对一个或多个目标发动攻击，从而成倍地提高拒绝服务攻击的威力。通常，攻击者使用一个偷窃来的账号将主控程序安装在一台计算机上，在一个设定的时间内让主控程序与大量代理程序通信。代理程序已经被安装在网络中的许多计算机上，收到指令时就发动攻击。利用客户/服务器技术，主控程序能在几秒钟内激活成百上千次代理程序的运行。

在 P2P 网络中，因为节点随时加入、退出等原因，为了维持网络稳定，同一份数据通常需要备份到多个分布式节点上，这就是数据冗余机制。女巫攻击是攻击数据冗余机制的一种有效手段，通过模仿多种身份进行攻击。

日食攻击是一种针对区块链点对点节点的攻击方法，可以让使用者用已经支付给其他人的数字货币转账，而接收者无法查证。

网络攻击的有效手段之一就是向整个区块链网络中增加大量恶意节点，伪造虚拟数据，从而破坏整个分布式账本的真实性。在智能合约的控制下，准入节点的限制使得对节点的监控能力大大加强，但由于智能合约的智能复杂度较低，目前还不能彻底地控制节点的验证，避免恶意节点的加入。区块链数据库不可篡改的特性也使得恶意数据一旦被写入数据库就很难进行纠正，并且恶意数据可能带来深远影响。

4.5 区块链安全现状

在区块链技术方兴未艾、大行其道的同时，其安全问题也日益严重。区块律动发布的《2018 年度区块链安全报告》显示，大量安全问题在 2017 年和 2018 年浮出水面，2018 年区块链安全事件发生 138 起，较 2017 年暴增 820%，并且在全球范围内因区块链安全事件导致的损失金额还在不断攀升，盗币、勒索等事件屡有发生。截至 2018 年 9 月，全球出现的数字加密货币已超过 1 600 种，约是地球上国家总数的 8 倍。而这 1 600 多种数字虚拟货币中绝大多数虚拟货币都是一文不值的空气币，但这 1 600 多种数字虚拟货币在高峰时期却撑起了 6 000 亿美元的市值。排名前十的加密数字货币占总市场的 90%，其中比特币、以太币分别占总市值的 46.66%和 20.12%。

目前市场上有多达上千家与区块链相关的公司，根据业务类型和模式我们大致可将其划分为数字货币和技术应用两大类。数字货币是与数字经济时代相匹配的一种体现、传递和交换价值的中间件，其价值体现为通证经济；而技术应用是在很多现实场景中利用区块链技术的不可篡改性、智能合约以及共识算法达到降低成本、提升效率的目的。二者的业务形态和模式有区别，导致其安全诉求也不尽相同。

近两年来交易所的代币盗窃事件频发。2016 年 8 月 1 日，在全球知名的比特币交易平台 Bitfinex 的盗币案中约 12 万枚代币被盗，价值 18 亿美元。2017 年 7 月 1 日，在 BTC-e 交易所盗币案中 6.6 万枚代币被盗，价值 9.9 亿美元。据美国财经网站 CNBC 报道，网络安全公司 Carbon Black 的调查数据显示，2018 年上半年，有价值约 11 亿美元的数字加密货币被盗。代币安全问题日益引起大家的重视。

目前由区块链加密数字货币引发的安全问题源于众多方面，其主要源头有区块链自身安全机制、生态安全和使用者安全三个方面。区块链自身安全机制包括 51%攻击、交易延展性攻击、垃圾交易攻击、扣块攻击等；生态安全包括交易所被盗、钱包 DNS 劫持、交易地址篡改、交易所信息泄露、交易数据篡改、DDoS 攻击等；使用者安全包括账号失窃、钱包失窃、用户钓鱼、私钥保存等。

随着区块链虚拟货币技术的蓬勃发展以及参与者的增加，各种安全事件数量也显著增加。2018 年 3 月，号称世界第二大区块链代币交易所的“币安”被黑客攻击，大量用户发现账户被盗。黑客将被盗账户中所持有的比特币全部卖出，高价买入维尔币（VIA），致比特币大跌，维尔币暴涨 110 倍。交易所的安全性一度受到众人质疑，但个人数字虚拟货币钱包所带来的问题同样不能忽视。2017 年 7 月 1 日，中原油田某小区居民的 188.31 枚比特币被盗，价值 280 万美元，油田警方几个月后将位于上海的窃贼戴某抓获。

数字货币本身的匿名性是其最大的亮点之一，而屡屡发生的比特币勒索事件却使比特币反受其害。勒索病毒加密受害者电脑系统，并要求受害者向某些指定的比特币钱包转账，其危害范围日益扩大。

区块链技术仍是众多行业、各类公司的重点研究领域。区块链的应用并不等同于数字虚拟货币，其内容还包括丰富的企业级应用服务。

对于区块链安全来讲，从系统架构上，建议相关企业与专业区块链安全研究组织合作，及时发现并修复系统漏洞，避免严重的大规模资金被盗事件的发生，并且从技术源头统一标准和规范，通过统一的标准运行、维护和管理区块链生态。

鼓励区块链安全服务行业的发展，如智能合约审计、安全性测评、抗攻击能力等，推动多行业共同发展，为多行业内区块链安全标准的制定提供有力支持。

参与数字货币交易的人员应充分了解可能存在的风险，在电脑端和手机端使用安全软件，慎用数字货币钱包，避免数字虚拟货币钱包被盗事件的发生。

4.6 本章小结

随着区块链技术的日趋成熟，区块链应用生态在不断扩大，产品用户人数以及应用场景也在不断发展。随之而来的是，其面临的安全性问题也备受人们的重视，甚至有学者认为安全与隐私问题是区块链下一阶段面临的主要问题。

本章围绕区块链的安全性，分析了区块链的数据、技术以及网络安全问题，提出了区块链可以作为保护数据安全的新设计模式。同时也指出了区块链在安全方面脆弱的一面，例如，区块链系统的智能合约目前处于初级阶段，其安全性比较脆弱，以及恶意节点问题，一旦恶意节点被写入数据库就难以对其进行修改。

最后，本章还介绍了区块链的安全现状，就区块链的安全问题，从多个角度提出了建议。区块链安全的未来还值得进一步探索。

思考题

1. 请分析目前区块链面临哪些安全问题。
2. 请根据自身对区块链技术的理解，分析区块链如何解决安全问题。
3. 试分析区块链安全性在未来的研究方向。

第3篇

区块链与信息系统

第5章

基于区块链的信息系统及其隐私和效率权衡

本章学习目标

- 了解传统的信息系统的设计以及其面临的隐私和效率问题
- 了解大数据信息系统背景下，区块链技术的隐私和效率权衡的意义
- 了解区块链为人工智能带来的推动意义

在大数据为用户带来诸多便利的同时，大数据隐私保护的问题也逐渐得到重视。在庞大的信息系统面前，隐私安全与效率成本总是难以同时得到保证。区块链作为一种分布式数据库存储技术，为大数据信息系统的隐私与效率平衡提供了新的解决思路。区块链具有分布式存储、网络健壮、灵活、安全可信等特点，这些特点对信息系统的分析与设计有所启发，通过类比区块链的设计结构，为数据融合时的使用权限划分带来了新的思路。区块链还可以通过加密技术与人工智能相关的信息系统相契合，助力跟踪和理解人工智能，以分布式存储的形式促进共享，推动人工智能信息系统的发展。

2018年3月26日，百度董事长李彦宏在中国发展高层论坛上表示，“中国人对隐私问题的态度更加开放，相对来说也没那么敏感。如果他们可以用隐私换取便利、安全或者效率，在很多情况下他们就愿意这么做。”① 这引起了轩然大波。

---

① 资料来源：https：//www. sohu. com/a/238046420_827422.

抛开媒体针对李彦宏对于中国人隐私态度的炒作，我们同样关注到李彦宏对于该问题的整体认知和态度是辩证且合理的："当然我们也要遵循一些原则，如果这个数据能让用户受益，他们又愿意给我们用，我们才会去使用它。我想这就是我们能做什么和不能做什么的基本标准。"其中，"一些原则""基本标准"尖锐地指出一个权衡的问题，"隐私、安全"与"效率、便利"是信息系统开发与设计过程中，乃至在信息技术发展历史上，时刻需要面对和选择的权衡问题。

区块链就是安全与效率之间权衡的一个典型的技术实例，它具有分布式存储和去信任化等特点，能够不依赖第三方可信机构在陌生节点之间建立点对点的可信价值传递，有助于降低交易成本，提高交互效率，有非常广阔的应用前景，被认为是引领信息互联网向价值互联网转变的关键技术（袁勇和王飞跃，2016）。

而有趣的是，对于以互联网为基础的信息技术——区块链，人们拥有完全不同的观点，有人认为它牺牲了效率，使数据库的内容更加安全可靠，使网络用户的参与具有匿名性，换取了安全和隐私的成果（方滨兴等，2016）；也有人认为，区块链的设计使得数据更加公开透明，在提高效率、降低成本的同时面临严重的隐私泄露问题（袁勇和王飞跃，2016）。为什么同样的技术会得到看似完全矛盾对立的两种评价？进一步思考，区块链在安全和效率的权衡之中取得了怎样的平衡？又或者说，区块链是否打破了隐私和效率此消彼长的格局，并对信息系统产品和服务的开发与设计中安全和成本的权衡有新的启示？

5.1 传统信息系统设计

信息系统是本章议题的第一个要素。一个完整的信息系统包含关联人员、业务驱动力、技术驱动力和系统开发过程四个视角。其中，关联人员包括系统所有者、系统用户、系统设计人员和系统构造人员，业务驱动力以改进业务知识、业务过程、业务通信为目标，技术驱动力涉及数据库技术、软件技术、接口技术和网络技术等，而系统开发过程经由系统启动、系统分析、系统设计和系统实现几个步骤（Lonnie and Jeffrey，2008）。

在这四个视角下，传统的信息系统的设计与开发的每个环节都面临着多目标决策，要在时间、计算资源、存储资源、人力和财务成本的限制下，实现系统可靠性最大化和系统收益最大化。任何一个信息系统的设计与开发都需要在安全和成本之间找到一个适合的落脚点，才得以实现业务和发展业务。

信息系统的一个关键要素是数据库。特别在大数据时代，我们的生活更有可能被监视和记录，隐私也越来越被透明化，甚至我们的人身都可能因此受到侵害（Zwitter，2014）。相关关系已经取代了因果关系，不再需要知道“为什么”，只需要知道“是什么”。在整体取代样本的大数据时代，只要我们掌握了整体数据，就能够建立全面的相关关系。“我们可以比以前更容易、更快捷、更清楚地分析事物”，因为“相关关系可以帮助我们捕捉现在和预测未来”（舍恩伯格和库克耶，2013）。之所以强调大数据时代的隐私保护，是因为在这样的背景下，信息系统的设计与开发已经不能再仅仅考虑系统本身，甚至需要首先考虑数据对系统的影响，才能确保系统在实际运行过程中，既不会因为安全性问题而崩溃，也不会因为成本问题而不可持续运行。

5.2 区块链与大数据信息系统的隐私和效率权衡

在回顾了信息系统开发与设计中隐私和效率权衡的问题，也了解到在大数据时代该问题所具有的空前的重要意义之后，我们希望借区块链的技术思维来重新分析这个问题。

信息系统中的隐私通常是指数据拥有者不愿意被披露的敏感数据或者数据所表征的特性（周水庚等，2009）。

为了在分散节点之间维持数据同步并对交易达成共识，区块链技术必须公开一些信息，例如交易内容。另外，为了保护用户隐私，必须对一些敏感数据进行处理，减少隐私泄露的风险。通过分析区块链技术的特点，祝烈煌将区块链中的隐私分为身份隐私和交易隐私两类（祝烈煌等，2017）。

沈鑫等（2016）描述的区块链是一种按照时间顺序将数据区块用类似于链表的方式组成的数据结构，并以密码学方式保证不可篡改和不可伪造的分布式存储账本，能够用于安全存储简单的、有先后关系的、能在系统内进行验证的数据（袁勇和王飞跃，2016）。区块链的出现解决了数字货币的两大问题：双重支付问题以及拜占庭将军问题。双重支付问题是同一笔钱被使用了超过一次，是在原有的以物理实体（纸币）为基础的传统金融体系中自然可避免的问题。在区块链出现之前的数字货币都是通过可信任的第三方机构来保证，以前是银行，现在是支付宝、微信等。

本章所采用的研究方法为类比研究法和文献调研法，即主要根据信息系统的开发和设计与区块链技术框架的一些属性相同或者相近，猜测另一些属性也可能相同或相近。作为一种从特殊到特殊的推理方法，尽管由类比得出的结论不一定正确，但它却能独辟蹊径，以新的视角看待信息系统的隐私与效率权衡问题，给我们以灵感和启示。

1. 以区块链的特点为依据

区块链技术通过共识机制和分布式账本，不需要可信的第三方就可以解决双重支付的问题，是数字货币的一大突破。

拜占庭将军问题是现实世界问题的模型化，适用于分布式网络，简单抽象为“在缺少可信核心机构的情况下，分布式节点怎么达成共识、建立互信的问题”。区块链使用工作量证明机制及权益证明机制或其他共识机制，再加上加密技术，使一个不可信的网络变成可信的网络，所有参与者可以在某些方面达成一致，而无须信任单个节点。区块链具有分布式存储、网络健壮、灵活、安全可信等特点。

（1）分布式存储。

区块链采用纯数学的方法建立分布式节点间的信任关系，形成分布式存储的可信系统，产生交易、验证交易、记录交易信息、进行同步等活动均是基于分布式网络完成的。

对于信息系统来说，将系统的服务器、管理端、用户端进行分布式的部署，而不是在单节点系统上做强制的高可靠性要求，目前已经在现代的大数据信息系统中得到广泛应用。

（2）网络健壮。

区块链采用独特的经济激励机制来吸引节点完成工作（如挖矿），促使节点提供算力或其他资源，保证整个分布式网络的顺利运行。整个分布式网络所容纳的节点越多，其健壮性越强，除非一半以上的节点同时出现问题，否则分布式网络将会一直安全运行。

（3）灵活。

区块链提供用户可编程的脚本系统，大大增加了区块链应用的灵活性。在比特币中，脚本不是很成熟，多用于交易；而在以太坊中，更加完备、功能更加强大的脚本系统智能合约使更为复杂、更为高级的分布式应用得以实现。

（4）安全可信。

区块链的安全性是加密技术所保证的，整个分布式网络所提供的算力是非常惊人的，想要篡改区块链中的数据不仅只是在理论上可行，而且所花费的电力、设备等成本也是得不偿失的。

2. 区块链的效率、成本与安全性

区块链和传统互联网思维是两个极端，前者能保证整个社区的走向完全基于“全部算力持有者的投票”，后者能保证所有人的数据都处于少数或者一个核心机构的统筹下。

节点越多，想要全部篡改的成本越高，当难度高到一定程度时，全部篡改的可能性基本可以忽略不计。这也是比特币安全的原因。节点越少，决策难度越低。

按照管理难度和分布程度，区块链可以分为私有链、联盟链和公有链。因此，区块链并未从本质上解决或者推翻效率与安全之间的矛盾问题，只是利用技术与业务（特别是金融业务）的融合，重新构建了人们对于这个问题的看法与接触角度。

区块链本身从技术上来说没什么大的创新，但是这个模式开启了一些新的可能性，从而有希望解决一些人类生活、生产中碰到的问题，其中最重要的是依赖中介。

我们可以想想生活中寻找房屋租赁的场景，要找中介，就要面临很大的信任与信息不对称成本。这时，假如有一个程序可以充当可信的第三方，就可以

极大地降低成本，而且更高效。这个思路在房产、就业、商业消费、货币流通、金融等领域的信息系统中对用户都是具有借鉴意义的。如果信息系统可以智能地完全取代这些中介，减少流转次数和成本，就实现了极大地降低做事的成本而且更高效的目标。

3. 区块链与信息系统数据权限

以金融信息系统为例，淘宝花呗、京东白条等新兴金融信息系统掌握了更多客户数据、数据结构特点的信息，所以具备很强的对客户实际的风控能力。但是能否把不同公司的数据融合到一起，为客户提供成本更低、质量更优的服务呢？计算上是可以实现的，因为互联网上的数据都是成本很低的自然沉淀。但不同公司的数据是一个个孤岛，沉淀在不同的平台上，就不能发挥其最大的效用。

让个人拿回数据的所有权，个人基于这个数据授权在需要的地方就可以获得更低成本的金融服务。区块链能解决什么问题？区块链可以解决数据的使用权、查看权和执行权问题，从技术上它可以解决数据的部分查看即授权给谁查看问题，从而数据的使用权、所有权、查看权和执行权都可以分别处理，公司、用户都无须担心数据权限的泄露问题了。

5.3 区块链与人工智能信息系统

人工智能，就是构建能够智能地执行任务的机器所需的理论基础和实践工作。目前，致力于实现这一目标的尖端技术包括机器学习、神经网络和深度学习。

与此同时，区块链本质上是一种新的数字信息归档系统，以加密的分布式记账格式存储数据。由于数据经过加密并分布在许多不同的计算机上，因此可以创建防篡改、高度可靠的数据库，只有获得许可的用户才能读取和更新数据库。

尽管学术界已有不少具有以上前端科技发展潜力的研究成果，但目前现实世界的应用程序仍然很少。而这种情况在不久的将来应该会得到改变。

1. 人工智能和加密天然契合

由于区块链对信息的存储采用了 SHA-256 的加密算法，所以数据在本质上是安全的。

区块链很适合存储高度敏感的个人数据，这些数据经过巧妙处理后，在我们的生活中将释放出不少价值和便利。比如：连接到智能医疗系统上，根据我们的医疗扫描和医疗记录，机器可以做出相对准确的诊断；亚马逊就采用了大数据支持的推荐系统来推荐我们有兴趣购买的商品。

当然，系统中的记录来自我们的浏览网页等行为，是私密数据，处理数据的相关企业面临着严格的数据安全要求和审查。即便如此，大规模数据泄露和个人隐私受到侵犯的事例仍然越来越普遍，有增无减。

区块链数据库以加密的方式存储信息，所以私钥的安全是整体信息安全的关键。人工智能在加强安全性方面有很多可挖掘的潜力。在数据处理过程中，未加密数据有比较大的泄露和曝光风险，而机器学习的一个主要新兴领域就是构建一种相应的算法，能够在数据处于加密状态时对其进行处理和加工等操作。

2. 区块链助力跟踪和理解人工智能

人工智能做出的决定往往对于人类来说不容易理解，因为人工智能能够独立评估大量变量，并“学习”哪些变量对于实现总体目标很重要。

举个例子，人工智能算法有望更多地用于决定金融交易是否具有欺诈性，应该被禁止还是被调查。但是，目前仍然需要人类对人工智能的决定进行审查以确保准确。考虑到其中涉及的大量数据，这是非常繁杂的任务。比如，沃尔玛将其所有门店一个月的交易数据提供给人工智能系统，以确定哪些商品需要存货，以及存在哪里。

如果人工智能所有的相关决策都在数据点和数据点基础上记录在区块链中，那么审计工作就简单许多，因为哈希指针技术保证了记录无法被篡改。

人工智能目前在很多行业的应用潜力都非常大，但是公众的整体信任度偏低，这也较大地影响了它的发展和应用。在区块链上进行人工智能决定的整体经过可以极大地提高透明度，也更易获得公众的信任。

譬如在现阶段比较热门的机器学习模型交易市场上，区块链技术可以保证参与者的匿名身份，通过一定的机制设计帮助模型需求方以一定的价格从各模型设计方手中买下最优的模型，且不需中间平台（如第三方认证机构）监督整个交易过程。作为一种便捷的交易方式，一切手段都在线上发生，训练集的发布、测试集的发布、模型的测试、各模型的结果排名、付费行为等完全不需要主办方存在。

3. 智能矩阵和促进共享

人工智能技术虽然先进，但是其发展模式比较落后，当前相关企业更多的是处于自给自足的状态：自己需要的东西自己生产，自己需要的功能自己研发。小农经济的发展模式致使各大企业一旦开始布局人工智能，就要不断地重新发明“轮子”，一切都要走别人走过的路，很少有人愿意共享成果。

考虑另一方面，人工智能人才既少又贵，封闭的环境必然降低行业生产效率，造成巨大的资源浪费。人工智能领域本质上是算法、数据模型的共享，如何让共享方获利、如何让使用者获得便利、如何保证调用过程的安全性是行业亟须回答的问题。

区块链分布式存储模式的出现为以上问题提供了可能的解决方案：

（1）有偿共享。

模型交易本质上是遵循计价原则的问题，即可以把功能模块独立计价，再通过代币体系这个内置的“市场”完成计价和交易。

（2）标准化。

使用人工智能，将人工智能作为服务 API 来调用，企业自己制定标准，并采用合理且实用的调用接口实现共享。

（3）共享安全。

用 API 方式来实现功能共享，就可以保证数据、代码不会轻易被泄露。

最后，我们来回顾本章开头提出的问题。为什么同样的技术会得到看似完全矛盾的两种评价？区块链在安全和效率的权衡中取得了怎样的平衡？区块链是否打破了隐私和效率此消彼长的格局？

从技术角度来说的，区块链技术本身看起来是局部低效的，数据的透明公开看似会带来隐私泄露的问题，不同的区块链类型仍处于安全和效率两难全的限制之中。但区块链具有分布式存储、网络健壮、灵活、安全可信的特点，应用于具体的业务场景，可以解决使用传统技术十分棘手的问题，也就是说，区块链从系统结构的层面重构了方便和效率的问题，将纯粹的技术难题由技术成本来承担转化为由业务结构共同承担，为解决许多领域的分布式存储、数据权限、人工智能信息系统等方面的问题提供了新的思路和启发。

5.4 本章小结

在传统的信息系统中，隐私与效率的权衡是每个设计者必须面临的问题，而区块链技术的出现或许能够为解决这个问题提供一个新的思路，区块链自身的许多优良的特性一旦与传统的信息系统相结合可能会有惊喜的发现。

虽然区块链目前实质上处于一个比较初级的应用阶段，还需要时间去实现一整套基础设施并慢慢完善，但假以时日，可能真的能够去除人类之间的大部分中介关系，把权力还给大众，重构人与人之间的关系，将数据权限和责任、业务流程和成本分散到每一个节点，从而为诸多与信息系统密切相关的领域带来新的变革。

思考题

1. 结合自身的理解，谈谈区块链能够为传统的信息系统带来哪些改变。
2. 讨论区块链如何解决大数据信息系统的隐私与效率权衡问题。
3. 试谈谈区块链如何和人工智能信息系统相结合。

第6章

区块链与供应链管理

本章学习目标

- 了解基于区块链的供应链管理系统的设计思路与技术实现
- 根据具体案例，了解基于区块链的供应链管理流程

随着区块链技术的不断发展，“区块链+”逐渐演变为社会经济发展的新形态，例如将区块链技术应用到大米供应链管理领域。考虑将区块链的加密算法、时间戳技术、共识算法以及侧链技术等与供应链管理相融合，在供应链上下游之间构建包括生产商、供应商以及销售商等的联盟链，打造安全高效的供应链体系。区块链特有的加密技术以及其不可伪造、不可篡改和分布式存储的特点将帮助供应链打破当前瓶颈，解决当前供应链的信息安全问题，实现商品的切实溯源。同时，区块链的介入也将为供应链金融开拓新的局面，为供应链管理带来本质改变。

“区块链+”的出现是基于2015年第十二届全国人民代表大会第三次会议的政府工作报告中首次提出的“互联网+”概念，两者都将对世界经济的发展带来巨大影响。“互联网+”是中国工业与信息化深度融合的成果与标志，而“区块链+”则是在其基础上的又一个社会经济发展的新形态。区块链技术源于数字货币，现今却从数字货币的背景中走出，在经济金融、社会系统等更多方面存在着广泛的应用场景。众多学者也在不断探索它在市场经济中将会带来的变革以及其在各个行业中的发展与应用。梅兰妮·斯万（2015）提出了区块链金融概念，认为区块链或将成为数据库发展的第三阶段，当区块链技术与金融相融合后，可以

实现数字资产的交易与管控，为金融领域的发展带来重大突破。袁勇和王飞跃（2016）指出，区块链在数据存储、数据鉴证、金融交易、资产管理、选举投票等多方面都有着广泛的应用前景，并根据不同的应用场景演化出了公有链、联盟链、私有链三种模式。鲜京宸（2017）认为区块链在互联网金融领域有着广阔的发展前景，并且目前区块链技术已经初步投入应用，但在技术业务优化、法律监管、资源消耗等方面有许多有挑战性的问题亟待解决。郭永珍（2017）认为区块链互联网金融还处于初级阶段，在体系建设、技术瓶颈、安全监管等方面仍面临诸多挑战。张健（2016）认为，区块链在未来拥有更为广阔的发展前景，除互联网金融以外，其在保险、数据安全、医疗等方面的发展都有着颠覆性的意义。

在传统的供应链体系中，上下游之间存在着严重的信息不对等问题，使得供应链上下游的信息不能及时对接，供应商不能及时得知用户的需求，整体系统中存在着高成本、低效率的缺陷。

通过区块链技术，可以在供应链上下游之间构建生产商、供应商、销售商等企业与消费者的区块链，搭建分布式共享的信息平台（马小峰等，2018；鲁维维，2017）。这使得平台上的企业之间可以共享各自的数据信息，从而大大降低了数据和信息的不对称性，并且在进行数据交流的同时区块链还可以保护各方隐私。这使得在区块链技术融入供应链、打通上下游之间的数据孤岛之后，企业之间可及时互通信息，行业内部的协调性可以得到大幅度提升，整个供应链的效率也会有显著提高。

此外，打通信息数据孤岛可以将供应链中不同来源的数据进行数据集成，进一步提高了数据的质量。由于区块链上的信息还具有不可篡改的特性，因此区块链中的数据与传统供应链相比，数据量更加庞大，数据的可信度更高，为在供应链上构建智能合约体系以及在供应链中开展的其他金融活动提供了重要的数字化信息基础（李晓和刘正刚，2017）。

6.1 供应链的安全性及侧链实现

区块链的体系采用了多种加密算法，包括安全哈希算法、梅克尔树算法、圆锥曲线数字签名算法等（邵奇峰等，2018)。这些算法凭借良好的随机来源使得区块链具有良好的不可伪造性。其中，“区块链＋供应链”体系所采用的加密原理源于非对称加密算法。与传统的对称加密算法需要甲、乙双方传递密钥不同，在这种算法中一共出现了两个不同的密钥。分别为公钥和私钥，公钥可以向他人公开，私钥则保密，并且不能够通过推算得出。用公钥（私钥）加密的数据可用对应的私钥（公钥）进行解密，从而避免了通信双方交换密钥带来的不安全性，建立了更加安全保密的通信环境。在不同场景下，这种非对称加密的使用过程如图 6－1 和图 6－2 所示。

图 6－1　信息加密场景

图 6－2　数字签名场景

此外，梅克尔树的存在极大地降低了交易的算法复杂度，对于有 N 个交易的区块，确认一个交易的算法复杂度仅为 $\log_2 N$，为无须存储整个区块链的轻量级节点的存在提供了条件，使得在手机等移动端进行供应链上的交易以及信息查询成为可能。

下面我们讨论基于区块链的供应链时间戳服务器设计。时间戳服务器是区块链技术中至关重要的一个创新。在“区块链＋供应链”体系中，时间戳服务器对每一条供应链中的交易区块进行哈希处理后，在数据区块头中加盖时间戳，然后对该哈希值进行广播。其中，每个时间戳都会将前一个区块的时间戳纳入其随机哈希值，因此我们可以认为，每一个时间戳都对前面的时间戳进行了增强，由此形成了一个由供应链交易区块组成的不可篡改链条。如果某一区块的数据被修改，则该区块前一个区块的哈希值将会与之不匹配，就需要继续修改前一个交易区块的哈希值，由此迭代，可以追溯到该链表的头部，即创世区块。由于创世区块不能被修改，因此，一旦供应链上某一交易区块被区块链确认且存在于区块链的最长链中，就无法对其进行篡改和伪造。图6-3为基于区块链构建的供应链体系中的区块设计。

在传统供应链中，由于信息的共享性与透明性不足，供应链一旦有环节出现问题，就难以准确地对相应企业进行责任追究，对于非法活动也较难举证，无法做到供应链上的监督审查。此外，供应链中信息闭塞，企业间交流困难，这为欺诈、盗取数据的行为提供了可乘之机，使得供应链上信息的安全性难以得到保障。

将区块链技术应用于供应链，为区块链中的信息共享提供了途径，使得上下游企业之间可以快速建立信任。由时间戳服务器确保的数据不可篡改的性质保证了区块链上数据的真实性，这使得企业之间可以相互监督，供应链中的审计工作也易于开展，由此可以提升供应链的运作效率。供应链中数据的透明公开保证了数据在传播过程中难以出现欺诈等行为，同时，区块链的特殊的加密措施使得其上的数据难以破解，这也进一步为数据提供了安全保障，保障了供应链中的数据在流通过程中安全无损。

在供应链中，也可以使用区块链侧链技术。侧链技术（即楔入式侧链技术）是指实现资产在多个区块链之间进行安全转移的技术。侧链是指与主链平行的另一条区块链。侧链可以实现与主链之间价值的双向转移，但侧链与主链之间是隔离的，因此，即便侧链中的加密被破解，主链也不会受到损害。主链与侧链之间实现价值转移的方式主要有两种，分别为双向楔入和联合楔入。双向楔入是通过简单支付验证证明（simplified payment verification proof，SPV）以一个固定的汇率在主链与侧链之间传递资产的机制。联合楔入则是指主链与侧链之间通过由多方公证人控制的多重签名地址以及多方的控制权来锁定或解锁资产的资产转移机制。侧链的出现为区块链技术提供了更多应用可能性，既使传统区块链可以支持股票、债券等更多资产类型，又为智能合约的出现以及大量使用提供了更方便的技术支持。

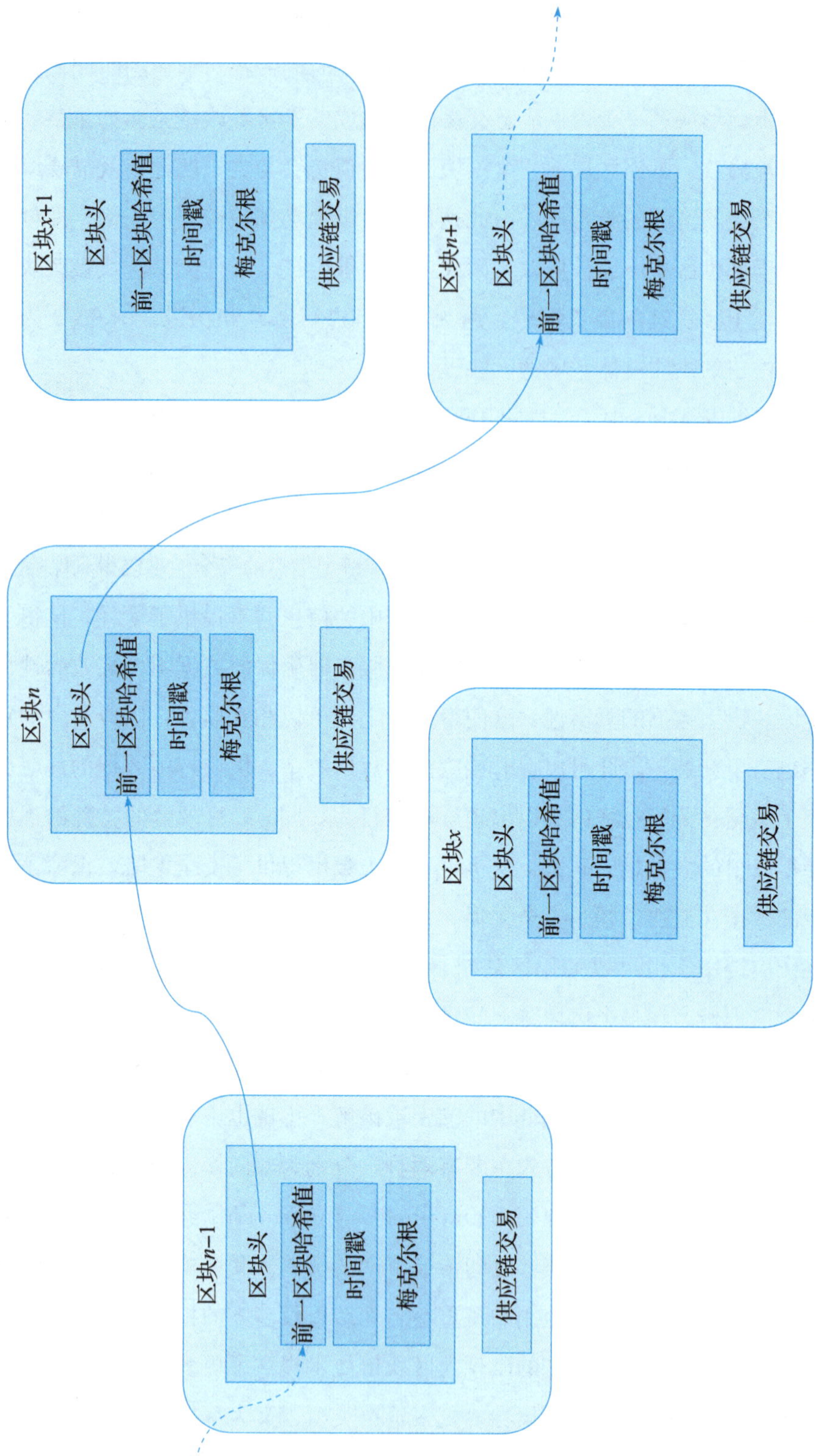

图 6–3　基于区块链的供应链交易区块

考虑到侧链可以与主链之间进行资产转移以及侧链与主链之间的隔离性，在“区块链＋供应链”体系中可以通过联合楔入方式构建侧链，帮助主链进行新功能和新业务的拓展与试运行，并在侧链上构建智能合约系统，实现针对生产商、供货商、销售商以及消费者在采购、付款、运输、融资、税收等多个流通环节的多方智能实施与监控。图 6－4 从供应链的收购环节、配送环节以及销售环节三个方面列出了“区块链＋供应链”体系中包含的部分智能合约。

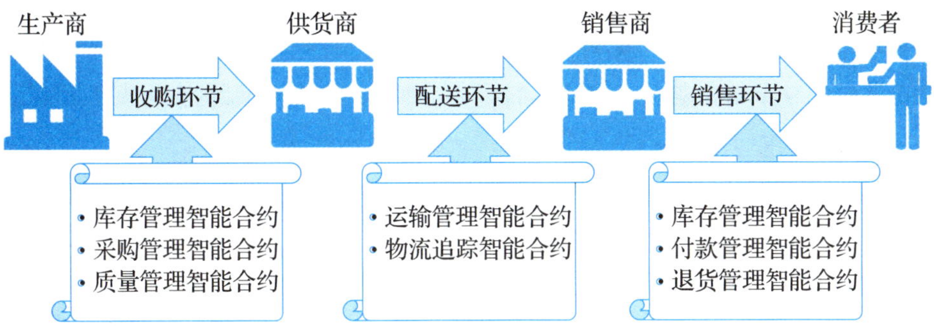

图 6－4　基于区块链的供应链智能合约

6.2　基于区块链的供应链共识机制设计

区块链根据其分布式存储的程度可以分为公有链、联盟链和私有链三种。在公有链中，不存在用户授权机制以及任何核心节点，所有节点都是对等的，都可以在区块链上进行读写操作。比特币所采用的区块链就是典型的公有链。联盟链的分布式存储程度次于公有链，但在处理速度上有着更大的优势。联盟链只对特定的部分组织开放，区块的生成由部分节点决定，因此并不是所有节点都可以对区块链进行读写操作。在构建不同机构之间的区块链时通常会选择联盟链。分布式存储程度最弱的是针对单一机构开放的私有链，它具有较弱的分布式存储特性和极快的处理速度，可以在企业内部广泛应用。

因此，在“区块链＋供应链”体系中，选用联盟链来构建平台。下面我们讨论基于区块链的供应链共识机制设计。

在最初的比特币区块链系统中，采用的共识机制为工作量证明（PoW）机制，这种机制是用来应对拒绝服务攻击和其他服务滥用的对策，它要求客户端进行一定量的运算，允许节点通过算力互相竞争。在比特币网络中，PoW 就是通常所说的“挖矿”中要做的主要工作，在这个过程中矿工基于自身算力通过不断地进行双重 SHA-256 运算解决工作量证明谜题。节点之间相互独立，各节点通过算力的比例分配资源，不存在某一点独占资源的情况，以此达到分布式存储的目的。此外，PoW 机制也提高了攻击系统带来的成本，想要成功对区块链进行攻击，往往需要自身算力达到总算力的 51%，而攻击者通过攻击所获得的收益往往不值得其付出如此大的成本，因此，PoW 机制也在很大程度上保证了区块链的安全性。

但是 PoW 机制依然存在一些问题，例如，它要求节点进行大量计算从而导致了较大的能源消耗，而且在比特币系统中，新区块的生成时间约为十分钟，这对于其他场景下的大部分交易来讲并不合适。因此，在 PoW 的基础上，权益证明（PoS）机制被提出并成为替代 PoW 机制的新的共识机制，它用节点对所有权的证明取代了 PoW 机制中的竞争性哈希运算来达成共识。在 PoW 机制中，算力越强的节点得到的信任度越高，而在 PoS 机制中，拥有的代币越多且币龄越高的节点拥有的权益越大，得到的信任度越高。

此外，常用的共识算法还有股份授权证明（DPoS）机制以及实用拜占庭容错（PBFT）算法。DPoS 机制是指先通过权益选出该系统的受托人，只有这些受托人有权在区块链中进行记账，在交易发生时，由受托人轮流负责在区块链上进行记账。PBFT 算法是一种在允许少数节点出现错误的情况下达成共识的算法，在交易发生时，各节点通过这种算法对交易进行投票，投票高于一定的比例时可以将该区块连接到区块链中，这种算法通过少数服从多数的机制完成了区块链中的共识过程。

在实际应用中，不同的区块链往往根据自身所需要的分布式存储程度的不同以及应用场景的不同选择各自的共识机制。例如，公司可以在自身内部构建私有链，而在这种情况下，由于企业内部存在层级结构，通常可以在分布式存储的程度上做出一定的妥协，不会选择 PoW 机制，而是采用其他运算速度快、消耗能源少的机制，从而达到高效率、低成本的目的。

PBFT 算法是联盟链中较为常用的成熟算法，而在“区块链＋供应链”体系中，我们采用改进的拜占庭容错算法，即授权拜占庭容错（delegated Byzantine fault tolerance，DBFT）算法。这种方法首先按照供应链中各企业持有的权益比例选出供应链网络中的共识节点，再通过投票达成共识，其中，只有共识节点才有权在区块链中进行记账。这种共识方法具有良好的容错性，适用于构建在供应链上的联盟链体系。在“供应链＋区块链”体系中，供应链中的核心企业拥有较大的股份，可以作为整条联盟链中的共识节点。当有新的交易发生时，共识节点可生成区块，即在区块链中进行记账。新生成的区块需要在全部共识节点中进行投票，当通过的票数超过一定比例时，即可将该区块视为正确的区块，而后方可将该区块连接到现有区块链中。在“区块链＋供应链”体系的联盟链中，并非所有交易信息都是对外开放的，除供应链中可信任度较高的核心企业以外，只有该区块所涉及的参与方才对交易信息拥有阅读权限，这种共识算法在保证了供应链共享数据的能力的同时也保障了供应链中交易方的隐私。

在实际应用的供应链中，由于商品可能来自多个不同的产地，而且在商品从生产者到最终被消费者购买的过程中可能经历了多次中间产品的交易流通，其中的交易信息通常是十分分散的，这也导致了一旦在某一环节中商品出现问题，消费者就会难以追溯商品具体的来源信息。另外，即便商品没有出现问题，消费者也难以在商品出库后及时得到反馈信息，从而给假冒伪劣产品提供了可乘之机。

区块链技术的出现为供应链中商品的实时追踪提供了更为高效可靠的途径。在供应链中，可以对每一件商品赋予一个特定的身份编码，每一次商品的运输流通或者所属权的变更都可以视为一次交易。利用区块链技术，可以真实地记录商品的每一次交易，从原材料采买、流通一直到商品的营销过程都可全程记录。同时，利用其多种数字加密技术和时间戳服务器可以使记录有着防破解、防篡改的特点，保障了数据的真实性与可靠性。一旦商品出现问题，即可追溯商品的全部交易环节，从而找到出现问题的环节，并做出相应决策，因此可以做到高效防伪，也为商品提供了可追责性。将区块链技术应用于供应链可以在保障消费者的权益的同时促进商家之间的积极竞争，提高商品的整体质量水平，推动供应链的良性发展。

6.3 基于区块链的大米供应链设计举例

本章以黑龙江某品牌大米为例，构建基于区块链的大米行业供应链体系。该大米由总供应商从各大米厂家收购后，通过铁路运输或陆海联运的方式运往京津、上海、江浙和广东等各区域的分销企业，最后再通过各地的零售商将大米送到消费者手中。

在大米供应链中，供应商可将上下游中股份较大的部分企业（即供应链中的核心企业）设置为区块链中的共识节点，这些共识节点拥有在区块链中记账的权利。当区块链中有其他节点想要成为共识节点时，需要现有的共识节点进行投票，在投票通过后，新加入的节点与原共识节点拥有同样的权限。每完成一笔大米交易，这些大企业有权将交易信息记录在区块中，其他共识节点可以通过数字签名的方式对交易信息进行投票确认。区块链的加密技术保障了数字签名的不可伪造性，从而保证了企业投票时信息的安全性。当区块被共识节点投票通过后，将会连接在现有区块链的末端并加盖时间戳。这里的交易可以指大米在供应链中的每一个流通环节所发生的交易。在现有情况下，部分商品为消费者提供了通过扫描二维码或条形码了解商品产地的服务，但是由于网络中的信息存在被恶意篡改的可能，消费者看到的信息有可能并不是真实的，而将区块链应用于大米供应链则可以解决这一问题。在基于区块链的大米供应链体系中，被连接到区块链中的区块由于加盖了时间戳而不能被篡改或者伪造，从而确保了被记录到区块链中的大米的交易信息的准确性与可信性。因此，大米在供应链的每一环节的交易信息都会被如实记录在区块链中，消费者可以根据大米特定的身份编码查看大米的真实流通环节，真正了解大米是如何通过层层运输交易到自己手中的。

通过区块链的智能合约技术，供应商可以更好、更全面地对大米供应链的各个环节做好智能管控，大大节省人力成本。例如，在大米收购环节，通过智能合约，供应商能够及时了解库存情况，及时向生产商采购，并利用智能合约监控大米的存储条件以及大米的质量，从而保证了优质的大米来源。在大米运输环节，供应商可以通过智能合约实时监控大米运输过程中的温度和湿度，一旦温度和湿度不达标则给出相应提示。此外，在销售环节，供应商还可以通过智能合约搭建线上支付平台，实现智能线上货到付款、违约退款等服务。

将区块链技术应用于供应链管理领域，构建“区块链＋供应链”生态，将为供应链的管理带来本质改变。目前，随着供应链金融的不断发展，在融资过程中，许多信用风险问题依旧难以避免。由于信息不对称问题的存在，中小微企业的信用信息通常难以完全获取，与供应链中的核心企业相比，中小微企业对于突发事件的应对能力较弱，通常面临着更大的风险，融资也更加困难。

区块链技术的加入可以为供应链提供全新的风险管理支持体系，并为供应链上中小微企业的融资开拓新的局面。区块链的介入打通了供应链上下游之间的数据孤岛，拓宽了供应链上可获得的数据来源；供应链所具有的不可篡改、不可伪造的特点可保证数据的真实性与可信性；分布式记账方式使得区块链上记录的每一笔交易都可以作为授信的依据，为供应链上的企业融资问题提供了充分的数据基础。

在对企业进行授信时，可先通过智能合约建立供应链信用评估模型，对企业的信用风险进行初步评估。在评估反馈完成后，可通过多方数字签名的方式在线上对企业进行授信并智能调整额度信息，然后利用智能合约完成还款以及清算任务，从而简化了融资流程，提高了融资方的风控能力与系统的安全性、可靠性，为中小微企业融资提供了新的解决方案。

6.4 本章小结

本章介绍了区块链技术在供应链领域的应用，从技术角度简述了如何构建基于区块链的供应链管理系统，从安全性、共识机制、智能合约多方面介绍了系统的设计方案。区块链与供应链的结合不仅解决了供应链本身的一些安全问题以及商品溯源问题，而且为供应链金融方面的一些问题提供了新的解决方案，例如，区块链的加入可以让供应链中中小微企业的融资问题得到更好的解决。但是目前，区块链的落地应用仍处于发展的初步阶段，基础设施的缺乏以及实际应用中的许多不确定性给区块链的发展带来了诸多挑战。虽然现今不少企业并未将区块链技术真正投入使用，而是在继续观望，等待其在实际应用中的进一步成熟，但是区块链已经展现了其在价值与资产方面强大的处理能力。不仅如此，区块链技术在各个方面的应用探索与实践正在不断发展，相信其终归会引领诸多行业的企业形态从完全封闭的系统转变为广泛开放的分布式系统。

思考题

1. 试说明为什么区块链可以应用于供应链领域。
2. 试说明区块链会给供应链行业带来哪些改变。
3. 请简述区块链侧链的意义。
4. 请谈谈区块链在供应链行业的发展前景。

第7章

区块链与电子商务

本章学习目标

- 了解电子商务的概念以及其目前面临的痛点
- 了解区块链能够为电子商务带来哪些影响
- 了解社交电子商务的含义以及区块链能为其带来的革新
- 了解电子商务公有链的建设现状

7.1 电子商务与现存的问题

电子商务是指在互联网上购买或出售商品和服务的活动，最早可以追溯到1972年斯坦福大学和麻省理工学院的学生通过阿帕网（Arpanet）交易大麻的行为。可以说，在互联网具有雏形的时候电子商务就已经出现了。和面对面交易的“一手交钱，一手交货”的行为不同，电子商务存在着一个先付钱还是先发货的矛盾，在交易中交易双方都承担着风险（Power，2013）。

为了降低这种风险，出现了两种方法。一种方法是构建大型2C商城，比如亚马逊、京东、天猫这样的电子商务公司，它们以自身的信用为担保，与客户进行交易。另一种方法是通过第三方金融机构进行担保，比如支付宝和

Paypal，这些第三方金融机构为交易双方进行担保，这从一定程度上降低了交易双方承担的风险，推动了电子商务的发展。值得注意的是，这两种方法本质上没有区别，都是一种以信任为基础降低风险的方法。这些电子商务平台大多打着方便、便宜、更多选择的旗号出现，受到很大的欢迎，对传统零售业造成了巨大冲击，是上一轮“变革者”。

据媒体预测，美国的零售电子商务市场将在2020年达到1.2万亿美元。2018年11月11日单日，仅淘宝+天猫商城的销售量就达到了2 135亿元，巅峰交易量达到了每秒9.2万笔。

随着市场的增长，大型电子商务平台的问题也在逐渐暴露出来。比如，平台初期是免费的，但占领市场后，就会对销售商品的商家收取高额的铺位费或交易处理费。用户虽然能享受到与传统零售相比更大的优惠和更多的选择，但是无形中却以自己的隐私被泄露为代价，埋下了安全隐患。另外，即使是大型电子商务平台，其集中交易系统也存在着一定的问题，有被攻击的风险。除此之外，假货泛滥、恶意差评、虚假交易等问题也深深地困扰着传统电子商务。

7.2 区块链1.0——改变电子商务的支付方式

区块链1.0时代的典型应用——比特币为我们部分解决了电子商务在支付层面的问题（Power，2013）。

作为区块链的第一个具体应用，提出比特币的基本场景就是电子商务。电子商务的繁荣依赖第三方金融机构处理电子转账，尽管这些金融机构在一些方面已经做得很好，但它们的本质还是信任模型。这种方式存在很多问题，比如增加了中间商的费用，限制了最小交易的大小，切断了临时交易的可能性，丧失了对不可撤销服务提供不可撤销支付的可能性。因为不存在不可撤销服务，因此交易中就不得不接受一定比例的欺诈行为带来的损失。

而比特币点对点的不可逆支付方式为正在寻找更安全的支付方式的电子商务平台带来了一针强心剂。它不需要任何一方提供信任担保，而是利用算法来保证交易的安全。

本质上，用比特币交易就是消灭中间商的过程。传统的电子商务平台会对零售商收取一笔等于销售额 10%～50%的使用费用，这对于大额的销售收入来说是一笔不小的开支，但在以区块链技术为基础的 P2P 电子商务交易网络中，买家和卖家直接对接，这样传统意义上的平台交易佣金就无从谈起。

但是比特币也存在着自己的缺点。由于使用工作量模型，所以每秒只能进行 7 笔交易，这对峰值能达到每秒 10 万笔的交易量而言无疑是杯水车薪，所以运用比特币在电子商务中发展零售行业不具有实践意义。

7.3 区块链 2.0——重新定义电子商务

随着区块链 2.0 时代的标志——以太坊的到来，电子商务才真正地面临变革。我们将从智能合约、供应链管理、数据安全以及市场透明度四个方面展开讨论。

1. 智能合约

以太坊的提出将区块链的很多特性发展到能够实践的地步。以太坊解决了比特币交易的效率问题，并且具有一套图灵完备的编程语言，这意味着以太坊可以在理论上为任何交易类型或应用程序创建任意合约，也就是我们所说的智能合约。智能合约是不需要第三方公证，只要触发条件满足就能“自动触发”的合约。传统合约往往需要第三方的公证和担保，而智能合约的第三方不是特定的人和个体，而是整个网络中每一个在链上的节点，合约创立后就“跑”在网络中的每一个节点里，一旦达到特定的条件，每一个节点上的数据库同步更新，“自动”执行。[①] 相当于整个网络都帮你进行公证，巧妙地解决了信用问题。

举个最简单的例子，A 和 B 两个人要打赌，赌注为 100 元。按照传统的合约，我们需要找一个第三方 C 做公证。两个人必须先将 100 元给 C，当打赌的结果出来后，再由 C 判定钱该给谁。但是这就存在风险，如果 C 拿着钱跑掉了，那么 A、B 双方无疑将蒙受损失。而如果利用智能合约，A 和 B 无须寻找

① 资料来源：Satoshi Nakamoto，Bitcoin：A Peer-to-Peer Electronic Cash System. www. bitcoin. org.

第三方C，直接用钱购买数字货币，然后订立智能合约即可。智能合约首先会检测两个人的账户里是否拥有100元余额，然后将这100元“冻结”起来，不到打赌最终出结果，双方都不能动用这100元。而一旦出了结果，在接到结果的瞬间，就会全网同步将输方的账户减去100元，将赢方的账户增加100元。由于智能合约并不是“跑”在一个单独的服务器上，而是运行在加入网络的每一个节点上，所以结果无需第三方，而是自动执行的，并且这种执行在算法上十分可信，是不可逆的。这正是区块链的基本逻辑：人是不可信的，需要以信用为基础的合约是脆弱的，没有主观色彩的、整个区块链账本上严格证明的合约才是可信的。

将之运用到电子商务行业，以淘宝为例，传统的步骤是在购买商品之后买家将钱交给支付宝，卖家先发货，支付宝直到买家确认收货之后才将买家的货款打给卖家。如果买家觉得商品存在问题，需要退换，那么首先得提出申请供商家审核，然后将商品寄给卖家，卖家收货后向支付宝确认收货，支付宝再将钱退给买家。在这里，支付宝担任了一个中间人的角色。

而运用智能合约，过程将变得简单很多。买家和卖家订立智能合约，买家账户上的钱被冻结，卖家以物流公司的密钥签名作为发货凭证，物流公司将商品交给买家后以物流公司和买家的双重签名作为收货凭证。然后卖家给予买家一个退货时限，在这个时限内买家收货后上传自己的密钥签名作为收货凭证或者选择退货。如果确认收货或者超过退货时限，那么智能合约将钱转给卖家。在这个例子中我们成功地消除了中间商，仅通过算法就成功地达成了交易。这是区块链在电子商务中解决的基本问题。

2. 供应链管理

在电子商务中，供应链可能是最重要的环节之一，因为供应链的好坏直接决定用户的体验和企业的效率。区块链的透明性和不可篡改性是任何供应链的绝佳组合。现在，任何与供应链相关的运作中最大的风险就是“牛皮鞭效应”：需求端的变化会随着供应链产生巨大影响，使得转移和存储任何种类的物质资产变得非常昂贵。这种牛皮鞭效应的原因是孤立的数据库之间缺乏透明性。区块链在一开始时就解决了这个问题，因为每个人在任何时候都可以在供应链中查询到库存情况。事实上，这些功能已经被很多公司应用了。供应链的应用会带来更高的效率，并且供应链在电子商务中的应用可以提高库存和实现的可能性。

另外，随着电子商务的发展，客户会追求更加透明且良好的体验，他们会对商品的产生、原料来自哪里产生很大的兴趣。我们购买的有机食物是否真的产自无污染的产地？我们购买的耐克是产自莆田还是越南的耐克工厂？区块链的不可篡改性给物流带来了很大的改变。由于在区块链网络上验证的数据几乎是不可破坏的，因此，将区块链技术应用于供应链体系是当今电子商务行业面临的供应链管理问题急需的解决方案。区块链的加入可以为用户提供一个透明的供应链，让消费者可以看到购买的产品的订单流，从而帮助增加消费者的信心，解决电子商务平台上假货泛滥的问题。

如果将供应链的每一步上链，那么产品从出产到流通的每一个环节都是可追溯的、不可更改的，任何人都能查询网络上的信息。这样我们就能使制假、售假的问题得到解决，并且从根本上遏制住不法分子利用网络销售假货的行为。京东借助区块链技术，实现了对澳洲羊绒产品的原产地追溯，在区块链技术的支持下，用户可以看到羊绒产品产于澳洲哪个牧场甚至是哪只羊身上、乘坐了哪个航班、物流的时间点、派送人和报关号、报检号等，让整个流程清晰明了。

3. 数据安全

近年来数据安全、消费者隐私受到越来越广泛的关注。2018 年 5 月 25 日，迄今为止欧洲最严格的隐私保护法《通用数据保护条例》（GDPR）正式生效。该隐私数据保护法案给电子商务平台带来了巨大影响。在电子商务行业中，消费者的个人数据和支付数据在交给电子商务企业之后都被集中存储在数据库内。这就导致这些数据库很容易成为恶意攻击的目标，数据泄露风险较高。因此，电子商务企业需要做的是切换到一个分布式存储的系统当中，无须再去存储数千万消费者的个人数据和支付数据，让消费者在这个 P2P 系统中存储和掌控他们自己的数据，从而避免了潜在的数据泄露风险。

电子商务行业是数据泄露的高发行业。2017 年 7 月 27 日，在 2017 网络安全生态峰会上，阿里巴巴发布《电子商务生态安全白皮书》。该白皮书称，数据最大的泄露源是商家和物流方，分别占 36%和 35%。数据泄露原因中 49%因内鬼，16%因账号问题，14%因木马。一部分账号类风险也与内鬼有关，例如电子商务公司、物流公司员工把自己的账号拿出去出租。如果从商家端统计，数字更为惊人。在商家面临的信息泄露风险中，内鬼风险占56%，其次是账号被盗，占22%。

内鬼导致的信息泄露风险是很难避免的，与其事后抓内鬼，不如改变方式让内鬼永远得不到信息，这才是釜底抽薪的良策。一份来自零售分析公司一键通（One Click Retail）的报告指出，亚马逊对于每个用户记录约80个隐私标签。电子商务平台可能真的需要这些数据来进行分析和投放广告，但是它们存储的数据量很多并且没有进行过合适的加密，能接触到这些数据的人也很多。而通过区块链的加密技术，电子商务平台就可以在使用电子商务平台数据的同时隐藏最关键的隐私数据。比如姓名、电话、身份证号、邮箱这种关键信息在被记录的时候就可以用特定的公钥进行加密，可以用特定的服务器存储私钥，从而杜绝数据被贩卖的可能。

4. 市场透明度

尽管我们可能觉得电子商务平台上的商品很便宜，但那只是和传统的实体零售业相比较而言的，传统的实体零售业有着巨大的开销，比如更多的地租和人员支出等。但随着电子商务行业向寡头垄断的方向发展，我们会面对很多问题。就像我们之前所提到的，电子商务平台也有很多我们不知道的隐形费用，这些费用最终将转嫁给消费者。如果不按照电子商务平台的规矩操作，电子商务平台就能很轻易地让你出局。我们可以看到很多传统的电子商务平台随意关闭普通商家的店铺页面却不给出任何解释。然而你为了卖出商品而在电子商务平台上上传的商品照片、视频和其他信息都归平台所有。

电子商务领域一旦掌控了渠道，就能进行不正当竞争。以亚马逊为例，当你在商城上搜索想要的商品时，亚马逊往往将自营商品放在前面，并且通过算法推荐能让自己获得更大利润的商品，普通商家很难和亚马逊的自营商品进行竞争。为了提高自己商品的排名，不良商家就会雇人刷单来提高自己的销量或者通过给其他商家刷恶意差评来降低竞争对手的评价。有的商家甚至会和商城合作制作假数据来伪造销量。由于电子商务平台的市场不透明，我们无法得知销量或者评价背后是否存在虚假的成分，所以消费者往往成为混乱市场秩序的牺牲品。

传统电子商务平台的纠错者只有电子商务平台本身，奖惩规则也都由平台制定，并不透明，这导致刷单、恶意差评现象频频发生，屡禁不止。而区块链技术由于账本透明的特性，能让我们看到整条供应链上的所有交易信息。如果一个用户的购买记录的差评率远高于普通用户，或者拍下的商品从不收货，直接好评，就很容易看出这是一个恶意的节点。这时候纠错“警察”角色由单一的平台变成了整个网络的所有参与者。

7.4 区块链与社交电子商务

由于传统电子商务流量已经被淘宝、京东几大巨头垄断，因此中小型电子商务的获客和运营成本上涨，流量红利逐渐消失。商家们不得不去寻求低成本的流量获取方式、开拓新的渠道，社交电子商务应运而生并飞速发展。拼多多 IPO 亦佐证了社交电子商务阶段性的红利收割期。而如今，区块链技术似乎又给社交电子商务从业者们提供了一个新的技术驱动点，或者说形式化诱惑的可能。

社交电子商务或者社会化电子商务以社交媒介（例如微信、今日头条、微博）为传播途径，通过用户的自传播行为（如分享、点赞）来辅佐其他用户做出购买决策和行为，是社交媒介与电子商务融合的产物。目前的拼多多、蘑菇街、小红书都可以被称为社交电子商务，而有赞、微盟、点点客则是为这些电子商务提供系统开发的技术公司。

2018 年 9 月，点点客与人人蜂合作发布了公有链白皮书，试图运用区块链技术打造社交电子商务网络，在做产品溯源的同时，运用 RRV Token 激励优化内部生态。据链得得了解，除点点客外，农产品精准扶贫的社交电子商务“本来味道”也在尝试运用区块链技术进行由内而外的改革。

不同于传统电子商务平台的权威模式，社交电子商务的组织形式本来就是分布式存储的，社交电子商务的用户属于店铺，而在传统电子商务中，消费者只信赖平台。目前的社交电子商务主要在产品溯源、物流监督和社区激励方面运用区块链技术的改革，三方面分别对应的是区块链技术的可追溯性、不可篡改性和通证属性。

当下，社交电子商务有三个痛点。

（1）如何吸引更多的人参与到社交电子商务的发展中来，如今巨大的潜在市场与有限的从业者形成了鲜明的对比。目前社交电子商务有 8 000 万从业人员，每年的交易额在 1 万亿元左右。而 2017 年，中国全年的零售总额在 40 万亿元左右，社交电子商务仅占 2.5%。

（2）供应链监管缺失。社交电子商务具有品牌效应的并不多，可持续发展的能力较弱，靠网络中的社交建立的信任也很难持续。目前的社交电子商务在模式上可分为平台型和导购型。平台型社交电子商务（如小红书和本来味道）可以同时控制流量和供应链两端；而导购型社交电子商务则只控制了流量，并不控制供应链，这就导致了其上游商品的采购和质量自身难以把控，从而限制了发展，久而久之也会降低人们的信任度，失去稳定的流量。

（3）社交电子商务的激励机制低效。一方面，在社交电子商务环境下，消费者在社会网络中通过互动产生和传递网络口碑，如何促进消费者发布更具参考价值的网络口碑从而激发购买意愿是关注的焦点。而目前社交电子商务的激励模式也比较单一，只能靠限制条款颇多的积分制和低价来吸引用户。另一方面，社交电子商务的组织形态也相对闭塞，效率不高。在传统的电子商务中，如天猫、京东，内部是有组织性的，而每一个平台型社交电子商务都像是一个分散的联盟聚合体，内部由很多小店组成，从业人员也多利用碎片化时间来打理店铺。这与淘宝中经过多年打造成的网红店铺拥有稳定的客户和品牌影响力不同，社交电子商务中多以价格战为主要竞争方式，而店铺鲜有自己的固定客户群体。如何增强内部凝聚力，加强内部协作，使用户成为店铺的重要消费者，也是社交电子商务迫切需要解决的。

基于区块链技术的革新或许能解决这三个痛点。①

目前，社交电子商务需要海量的人员参与并且需要一个新型组织来达成社交电子商务内部的高效协作。区块链的一些特性与社交电子商务很匹配。点点客试图通过 Token 激励的方式来激发消费者的分享、推荐以及购买意愿，提高所有公有链上的店铺的协同工作效率。据了解，点点客设想的 Token 和积分的功能不同，具体在于 Token 的“通证”功能。在以往电子商务的积分系统中，积分只能用于兑换购买本店铺或平台内部的东西，对用户的吸引力有限，特别是对于一些销售品类有限的中小型平台和店铺而言更是如此。而 Token 的进阶性在于，用户在一个店铺（节点）获得的 Token 可以用于购买整条公有链上任何一个店铺（节

① 资料来源：https://baijiahao.baidu.com/s?id=1617111443608277439&wfr=spider&for=pc.

点）中的东西，大大拓展了可使用范围，流通属性也更强。不仅如此，未来 Token 在二级市场上的流通也可以提高商家和消费者的收益预期。

本来味道也在考虑引入区块链实现供应链溯源，但要保证所有数据的真实还需要通过硬件设备、物联网和其他第三方权威检测机构来共同实现。目前社交电子商务存在着从业者分散、门槛低、商品质量参差不齐的特点，而不像京东自营那样拥有稳定的供应商，这就导致社交电子商务的商品溯源更加困难。商品上链前的核实工作需要耗费大量人力而非单凭技术就可以解决。

就溯源的利益方而言，存在着一个很大的矛盾。一个区块链系统要吸引更多商家，首先要保证的是商家在加入公有链后可以卖出更多货，再者就是获得更多的相关利益。但目前，如果点点客没有增加溯源监管上的投入，那么披露商品来源需要的更多是卖家的自觉性，但披露商品源头这件事本身能带给卖家的好处十分有限。

7.5 电子商务公有链

阿里巴巴和京东在面对区块链技术时，首先看到的都是其“可追溯，不可篡改”的特性，试图运用区块链技术打击假货。以京东为例，京东开发了智臻链，在供应链、京东公益与防伪追溯等几个方面运用了区块链技术，搭建了一个包括制造商、供应商、分销商、零售商、物流企业及最终用户在内的区块链，将物流、资金流等信息记录在链上，并通过密码学技术保护用户的隐私。无论京东还是阿里巴巴都拥有强大的技术研发实力，它们倾向于通过建设联盟链和 BaaS 平台的方式，串连起整个产业的 B 端和 C 端，为企业和用户提供服务和保障。

目前社交电子商务中还缺少一个公有链，而在社交电子商务中建立一个公有链也不是一件容易的事情。因为不同于传统电子商务的平台化运作和雄厚的技术实力，社交电子商务本身的流量来自各个社交媒介，呈碎片化，其流量入口受制于社交媒体，尤其对于依托于单一社交媒介的社交电子商务而言，其依赖性更强。另外，社交电子商务往往规模较小，不具备研发实力。

从流量上来看，无论是有赞、微盟还是点点客依托的都是微信这个庞大的社交媒介。腾讯方面数据显示，目前微信月活跃用户已超十亿，微信小程序的数量已经超过 58 万，日活超 1.7 亿。微信生态下存在着巨大的流量红利，成为社交电子商务系统下最大的带货渠道。依托微信建立公有链本身可以为点点客等社交电子商务的业务开发提供很好的用户基础，因为所有微信用户都可成为潜在用户和社区成员，而且微信本就是基于社交建立起来的相对成熟的、信任度相对高的社区，对于点点客区块链生态建设大有裨益。

无论电子商务行业如何运用区块链，最终目的都是一样的，即提高效率、降低成本，以及运用区块链的存证功能验明真伪、追根溯源。但目前看来统一的公有链建设还有很大难度，区块链电子商务行业仍然任重而道远。

7.6 本章小结

本章围绕区块链和电子商务行业展开，从目前传统电子商务的痛点入手，讨论了目前电子商务普遍面临的虚假交易以及安全性等问题，探讨了区块链能为当下的电子商务在智能合约、供应链管理、数据安全以及市场透明度这四个方面作出的改变。

此外，本章还探讨了电子商务的新模式——社交电子商务。这种电子商务模式打破了传统电子商务的桎梏，让电子商务社交化、社会化。目前社交电子商务也面临一些问题，例如监管缺失、激励机制低效等，而与区块链的结合或许能够帮助社交电子商务解决这些问题。但是目前来看，电子商务公有链的建设还有很大难度，区块链在电子商务行业的应用还有很长的路要走。

思考题

1. 请根据理解简述社交电子商务的概念。
2. 试分析区块链能够在哪些方面与电子商务结合。
3. 试分析区块链电子商务的发展前景。

第8章 区块链与沙盒

本章学习目标

- 结合具体例子，了解沙盒的概念及其意义
- 了解区块链沙盒的含义及其影响
- 了解在泰山沙盒测试下区块链的分类

8.1 沙盒的概念与应用举例

沙盒（sandbox）是计算机行业中被广泛应用的一种技术，是指将应用在受限的安全环境中运行的做法，可以为一些来源不可信、具备破坏力或者无法判断程序意图的程序提供试验环境。沙盒就像是一盒沙子，在上面做任何事情并不能写进真实的系统，因此做完之后只需要抹掉记录即可。沙盒技术是计算机领域汇总的虚拟技术，在计算机安全技术中有着广泛的应用。尤其是在反病毒行业，沙盒技术为计算机病毒的观察提供了一个重要的虚拟环境，它可以接管病毒调用接口或者环境的行为，并且会在确认病毒之后对系统实行回滚，使其复原，因此不会对系统造成任何伤害。沙盒的原理是通过重定向技术，把程序生成和修改的文件定向到自身文件夹中，当某个程序试图发挥作用时，安全

软件可以先让它在沙盒中运行，如果含有恶意行为，则禁止程序的进一步运行，而这不会对系统造成任何危害。沙盒技术提供了对资源的严格控制，通过对内存、系统文件和访问权限的限制，沙盒可以在不影响主机设备的条件下执行潜在恶意代码并发现其活动和意图。沙盒其实就是一把保护伞，保护着你的软件在安全环境下运行，并且能够让你的修改成本降到最低。当需要修改部分代码时，你不需要更改操作系统，只需要在沙盒中修改一些代码即可实现，这一点对于操作系统兼容性要求高的应用有至关重要的便利性。

区块链技术的研究，因为具有耗时长、见效慢的缺点，使得众多区块链研究公司和机构都负担不起巨额的费用。基于保护区块链项目开发和保障社会经济稳定的目的，区块链项目的研究如果是在监管沙盒中进行，不仅会使研究区块链项目的机构获得更多政策上的支持，而且会减小发生意外时对社会造成的影响。

沙盒的概念最早由英国金融行为监管局（Financial Conduct Authority，FCA）提出，目的是协助政府的有效监管，鼓励产业在模拟的控制系统中尝试新技术，在有政府监管的条件下进行创新，使金融科技公司能够集中精力发展新科技。

随着区块链对金融发展的冲击，世界各国越来越重视监管沙盒，并且开启监管沙盒的实施。英国是首个创建“监管沙盒”制度的国家，其“监管实验区”完美发挥了容忍试错精神，减轻了实验创新产品以及服务的监管负担。自 2016 年 7 月以来，中国首批 24 家企业参与了“监管沙盒”实验，其中包括汇丰银行等传统金融机构和 Bit X 等新兴企业。引用“监管沙盒”制度一方面可以扩大研究区块链应用的空间，另一方面还可以适当控制风险，实现推进创新和稳固金融两大目标。

区块链下互联网消费金融资产证券化交易模式具有很大的不确定性。英国金融行为监管局提出了三种沙盒模型：

（1）监管沙盒（regulatory sandbox）。

这种模式的沙盒为金融科技公司的技术实验提供了环境，可以让软件在模拟控制的系统下运行，数据只会被记录到沙盒中，不会对真实的系统有任何影响。而沙盒的设置以及测试都是一事一议的，因为不同公司提供的服务创新也是不尽相同的，因此，也对监管单位提出了要求，监管部门需要对被监管的新技术有一定的了解，清楚新技术所需要的测试。而沙盒的存在更是为这种金融服务创新提供了更好的监管平台，一方面有利于政府的监管，另一方面也为消费者带来了福利。并不是每个金融公司都可以随意进入沙盒系统，进入沙盒系统的金融公司在有创新的基础上还需要有足够的资金、一定的技术以及控制风险的能力，而且需要承担保护消费者的责任，不能在测试过程中对消费者造成伤害。监管部门可以通过监管沙盒来选择企业，保护消费者。英国是第一个使用监管沙盒的国家，现在，全球多个国家和地区均开始使用监管沙盒，例如加拿大、新加坡、马来西亚、中国香港等。

（2）产业沙盒（industry sandbox）。

这种模式的沙盒是某一行业内许多公司聚在一起成立的一种虚拟的测试环境。这种沙盒是由行业自发成立的，设置的是在行业内通用的测试环境，同一行业内的许多公司都可以在产业沙盒设置的同一环境下对新技术进行测试。由于测试环境相同，测试的对象间更容易比较出较为客观的结果，而产业沙盒也不需要监管单位的指导。

（3）保护伞沙盒（umbrella sandbox）。

这种模式的沙盒是指非营利的沙盒保护伞公司，被金融监管单位授权，由非营利的公司经营。与产业沙盒类似的是，保护伞沙盒也是为整个产业服务的沙盒体系，同时，保护伞沙盒也为监管单位服务，需要监管单位的指导。

目前，英国已经出台了一个非常完整的沙盒报告，但是其中只涉及了有关监管沙盒的设计，对于产业沙盒和保护伞沙盒并无涉及。

本节以主流沙盒 Sandboxie 和影子系统为例，介绍沙盒系统。Sandboxie 与大多数沙盒产品一样，没有虚拟桌面。在 Sandboxie 中可以选择在浏览器上运行沙盒，在运行沙盒后，在浏览器上进行的操作都是在沙盒中进行的，在去掉沙盒保护后，在浏览器上不会保存之前的浏览记录、下载的文件以及插件，同时也保护了系统不被病毒和木马入侵。目前，Sandboxie 已经可以支持除 IE 浏览器之外的其他主流浏览器，例如谷歌、火狐、Opera 等浏览器。除了保护用户在浏览器上进行的操作以外，在安装或者解压程序时，可以让程序在 Sandboxie 的保护下运行，即在系统恢复后，在沙盒内运行的程序木马都会消失。不仅如此，Sandboxie 还提供对于整台电脑的保护，在保护期间对电脑进行的格式化分区、删除文件等操作都可以进行恢复，不会对系统造成危害。

图 8－1 为 Sandboxie 的网页界面，用户可在此网页下载 Sandboxie 软件，在图中可以看到该沙盒系统目前支持的系统和浏览器等信息。图 8－2 为 Sandboxie 的使用界面。

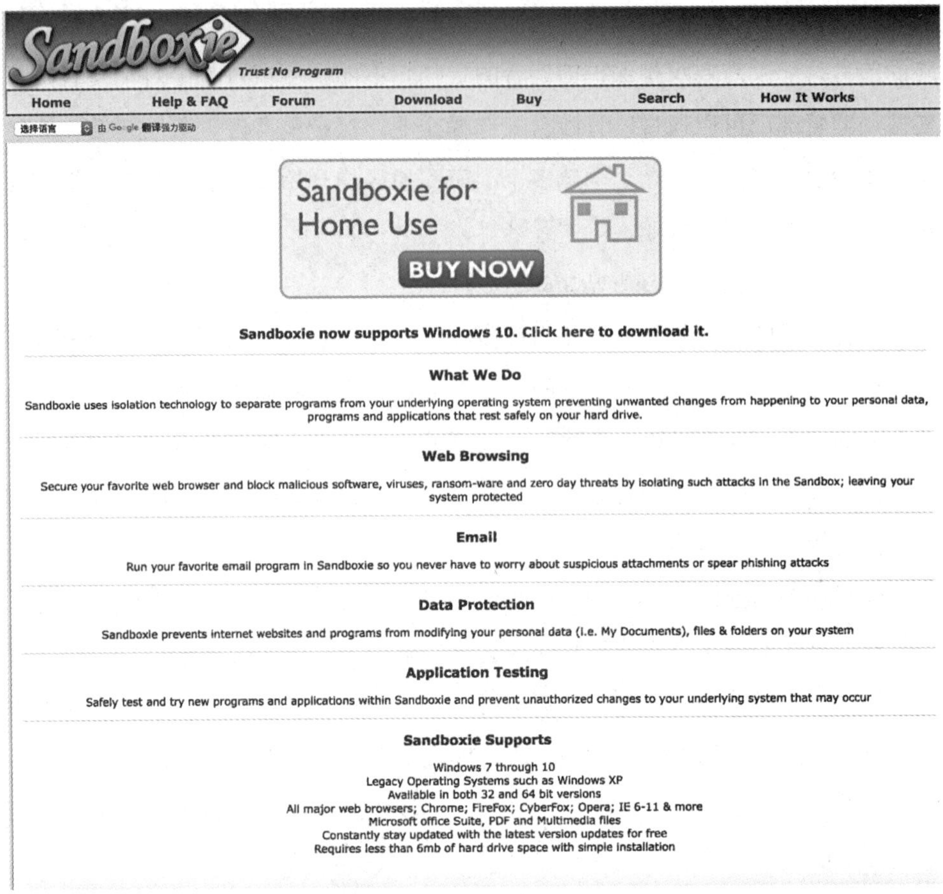

图 8-1　Sandboxie 网页界面

资料来源：https://www.sandboxie.com.

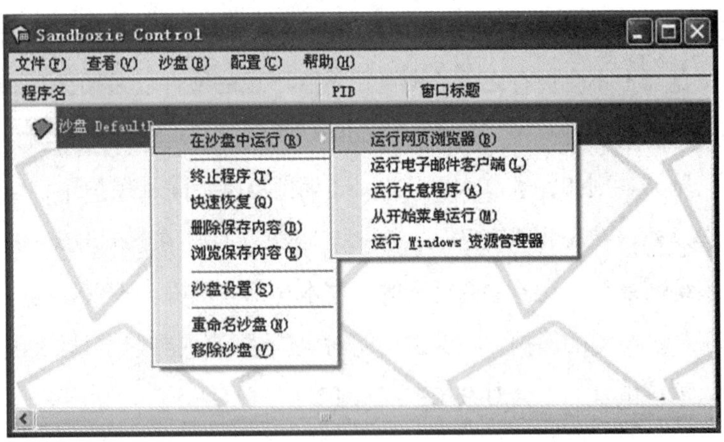

图 8-2　Sandboxie 使用界面

资料来源：https://image.baidu.com.

影子系统也是利用了沙盒原理来保护计算机操作系统的虚拟化影像系统。在使用影子系统时，系统会为计算机的操作系统构建虚拟影像，进入影子模式后，用户无论进行何种操作，都不会对真正的操作系统产生影响。尤其方便的是，在进行程序的安装测试等操作时，使用影子系统不会因为程序的安装或者卸载产生垃圾文件。与 Sandboxie 不同的是，影子系统对整个操作系统都进行了虚拟，用户在该系统下进行的全部操作都不会被记录，而 Sandboxie 则是针对某个特定程序，将程序的运行限制在一个虚拟的环境中，从而不会对系统产生影响。图 8－3 为影子系统的官方网站，在网站可以看到对影子系统的基本介绍。

图 8－3 影子系统网页界面

资料来源：http://www.yingzixitong.cn.

根据网站上的影子系统使用指南（如图 8－4 所示），影子系统的使用有三种模式，分别为单一影子模式、完全影子模式和正常模式。在单一影子模式下，只创建了系统分区的影子，用户在非系统分区下做出的更改将会保留，而在系统分区下做出的更改将会在影子模式取消后还原。由于在多数情况下，病毒的攻击目标为系统分区，所以在一般情况下，只开启单一影子模式即可做到对系统的保护。完全影子模式则对操作系统的所有硬盘分区都创建了影子，在被保护期间，对系统进行的全部操作均不会被保留下来。因此，在完全影子模式中，可以将文件通过闪存或者移动磁盘进行存储。正常模式是未开启影子模式时系统的正常状态。

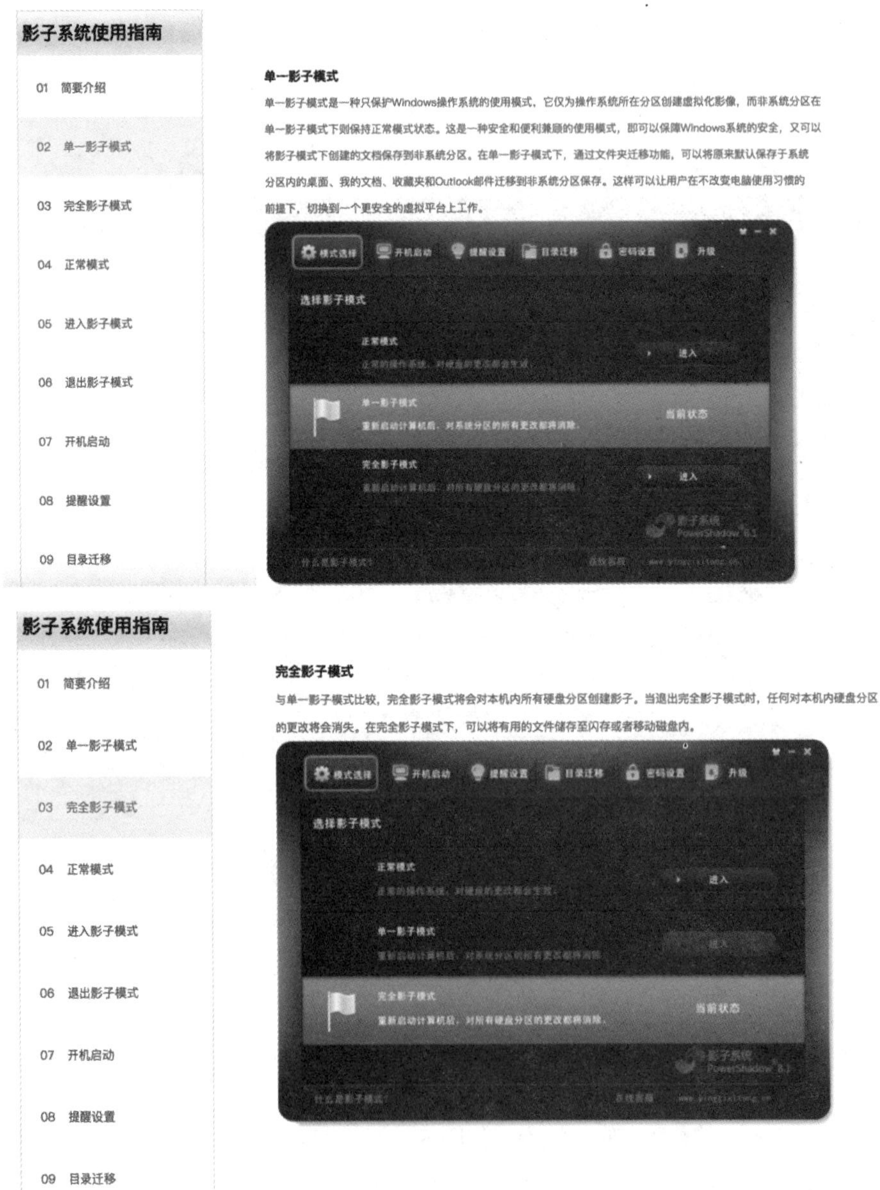

图 8-4 影子系统使用指南

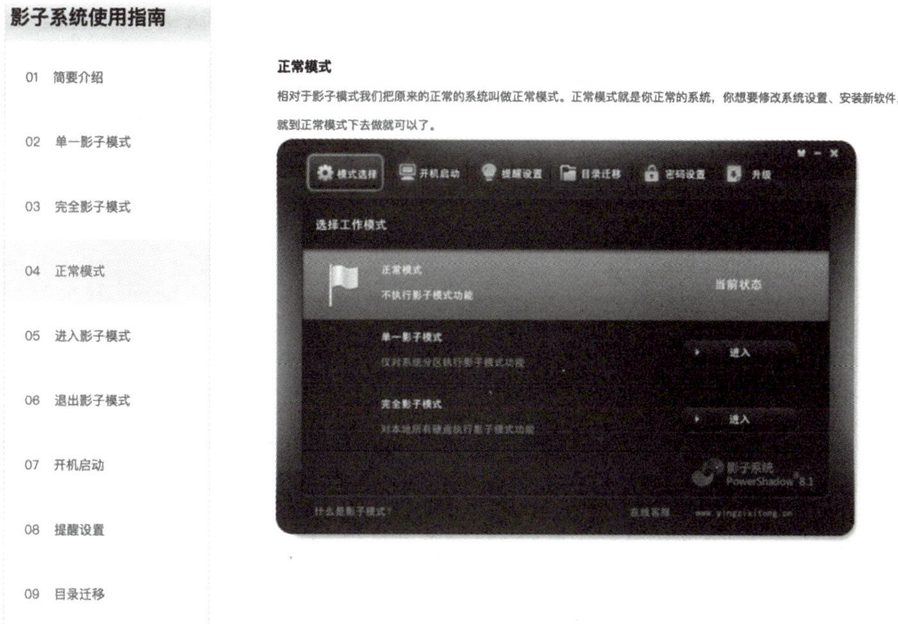

图 8－4　影子系统使用指南（续）

资料来源：http://www.yingzixitong.cn/guide01.html.

8.2　区块链监管沙盒

在区块链沙盒方面，我国目前已经有了多项成果。2017 年 5 月 27 日在贵阳召开的区块链金融国际高峰论坛上①举行了贵阳区块链金融基金、贵阳区块链金融孵化器、国内首个区块链金融沙盒监管计划成立的授牌仪式。贵阳区块链监管沙盒是我国首个政府引导、社会参与、市场化运作的区块链金融基金、区块链金融孵化器，同时，区块链金融“沙盒计划”也正式落户贵阳。

贵阳是目前我国首个由政府推出的“沙盒计划”的运营试点，其面向的主要目标是金融行业以及科技金融领域。而监管沙盒的主要作用则是辅助区块链在金融领域的诸多应用场景与商业模式中的应用与建设，将区块链科技与大数

① 资料来源：https://www.btcsearch.com/t/299340.

据和政策法规相结合，推动贵阳区块链金融的发展与我国区块链金融的建设。贵州贵山基金有着百亿元的产业基金规模，永安金控公司也有着丰富的金融资源，该地区丰富的金融经验使得金融与区块链的碰撞有着雄厚的基础。

2017 年 7 月 25 日，在贵阳举行的国际生态会议中[①]，阿希链的创始人单青峰参与会议并签署了区块链 ICO 沙盒共建共享合约，阿希链也成为贵阳监管沙盒的首批区块链项目。同时，该次签约也是全球第一个签署成为监管沙盒的区块链项目，是利用区块链技术服务实体经济的一大进步。

2017 年 9 月 23 日，由中国电子商务协会、中国电子商务协会金融科技研究院、中国电子商务协会互联网金融研究院、中国电子商务协会反欺诈中心主办的“2017 中国创新产业监管沙盒高峰论坛”在深圳召开。[②] 在会议上举办了深圳市监管沙盒产业园的揭牌仪式（如图 8－5 所示），国盾区块链等企业也加入“监管沙盒”。这个区块链产业园主要针对的也是金融科技领域，而“监管沙盒”更有利于鼓励金融科技创新，使企业在有监管的情况下创新，增强监管对创新的适应性。

图 8－5　深圳区块链产业园

资料来源：http://ori. hangzhou. com. cn/ornews/content/2018-09/19/content_7070466. htm.

2018 年 9 月 19 日，我国首个区块链监管沙盒实体应用产业园——杭州大湾区区块链产业园成立（见图 8－6）[③]，主要面向大健康产业和食品行业，是中国区块链监管沙盒委员会、中国电子商务协会批准的第一个产业园。其中，中国电子商务协会推介的 30 余家实体企业确定加入，100 余家实体企业达成加入

① 资料来源：http://www. lianyi. com/baic/1021520.

② 资料来源：http://ori. hangzhou. com. cn/ornews/content/2018-09/19/content_7070466. htm.

③ 资料来源：http://finance. ifeng. com/a/20170925/15693942_0. shtml.

意向。该产业园以“实体经济＋区块链”的模式推动区块链产业的应用与发展，推动区块链服务实体经济，打造杭州的地标性产业园区。

图 8－6　杭州区块链监管沙盒产业园

资料来源：http://finance.ifeng.com/a/20170925/15693942_0.shtml.

8.3 区块链产业沙盒

2017 年 12 月 29 日，由蔡维德教授担任院长的天民（青岛）国际沙盒研究院在青岛市崂山区发布了全球首个基于区块链的产业沙盒“泰山沙盒”①，旨在

① 资料来源：https://mp.weixin.qq.com/s/7fgQ8ao0g6IK2HDQDfBSBw?scene=25#wechat_redirect，https://huoxun.com/m/news/show/4141/uid/?from=groupmessage&isappinstalled=0，https://mp.weixin.qq.com/s/yfG2fqcZzTnkcs6hTqXYsQ.

为政府监管与行业自律提供平台服务。泰山沙盒融入了区块链、大数据、自动化测试、云计算等多项技术，尽管“泰山沙盒”没有监管机构的参与，不属于监管沙盒，但仍旧是全球首个基于区块链的产业沙盒。

区块链产业沙盒在各个行业都有着极其广阔的发挥空间，每个行业都需要自己的区块链系统。蔡维德教授认为：东三省有农业，可以有农业区块链、农业产业沙盒；有些省份重点发展制造业，也可以有制造业区块链、制造业产业沙盒；房地产、税收、海关等各个行业，只要跟钱有关系，就跟区块链有关系，都可以有自己的产业沙盒。

蔡维德教授强调，沙盒技术在中国的推广和使用能够促进中国区块链产业的建立与加速推进，使中国的区块链发展可以在世界上处于领先地位。同时，有了区块链产业沙盒，当新技术出现时，监管部门可以借助沙盒对区块链技术进行测试，不需要仅依靠人为的评估，由此方便了政府部门的监管，也加快了区块链技术的创新与发展。

区块链产业沙盒既有着广泛的用途，又有着重大的意义，对于我国区块链应用技术的发展与落地起到了重要的推进作用。

泰山沙盒的测试管理可以分为契约模型管理、测试集管理、测试基准管理、测试目标管理、测试任务管理。契约模型管理是指通过区块链软件系统所提供的 RPC、SDK 等形式的接口，定义“请求—响应—数据”形式的接口契约模型。测试集管理指的是以区块链软件系统的核心业务功能为目标建立自动化测试集。测试基准管理是指为规范测试目标的需求内容，建立不同维度下区块链系统的测试规范。测试目标管理是指将区块链的功能需求与测试集进行关联，使得所进行的测试能够覆盖其测试目标。测试任务管理是指对测试目标建立自动化接口功能或者性能测试任务，并可以对任务进行结果统计分析。

泰山沙盒系统能够追踪监控被测试的区块链系统的运行。在测试区块链系统的共识算法时，泰山沙盒可以监控整个区块链节点网络集群的共识过程，进行分布式事务链路追踪，从而对整个共识算法的流程步骤以及交互数据等信息做出判断。图 8－7 为泰山沙盒的自动化测试平台。图 8－8 为泰山沙盒的区块链接口自动化测试执行过程。

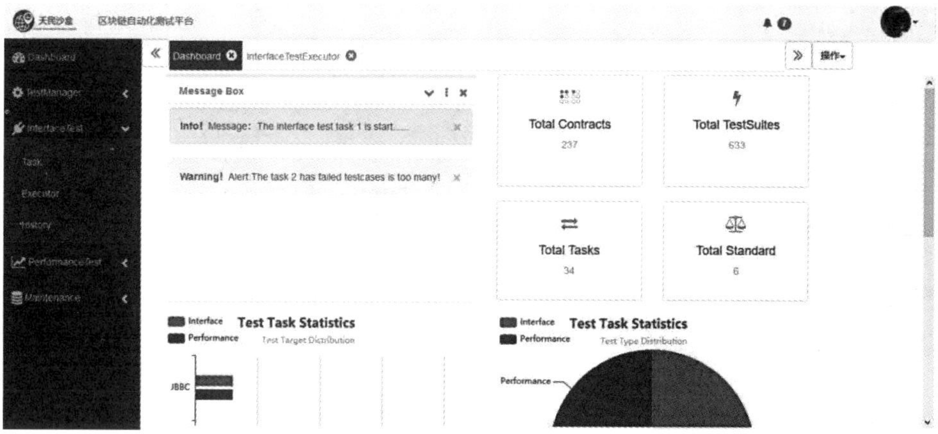

图8-7　自动化测试平台

资料来源：https://mp.weixin.qq.com/s/7fgQ8ao0g6IK2HDQDfBSBw?scene=25#wechat_redirect.

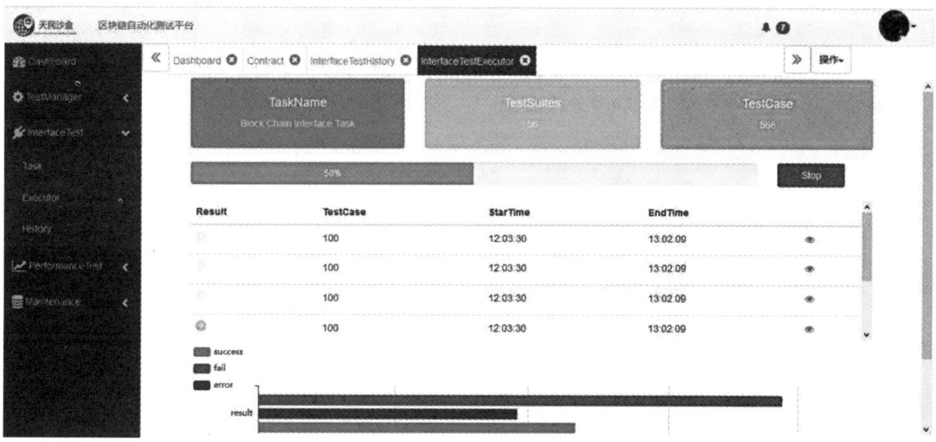

图8-8　区块链接口自动化测试执行过程

资料来源：https://mp.weixin.qq.com/s/7fgQ8ao0g6IK2HDQDfBSBw?scene=25#wechat_redirect.

从图8-9中我们可以看到，泰山沙盒可以对区块链系统等共识算法进行追踪，图中为自动探索整个区块链节点集群的共识交互拓扑。图8-10为沙盒系统监控下的区块链系统共识阶段的数据。

泰山沙盒的出现为目前市面上区块链系统鱼龙混杂的情况提供了解决办法，能够将真正的区块链系统与伪区块链系统及弱化的区块链系统区分开来。

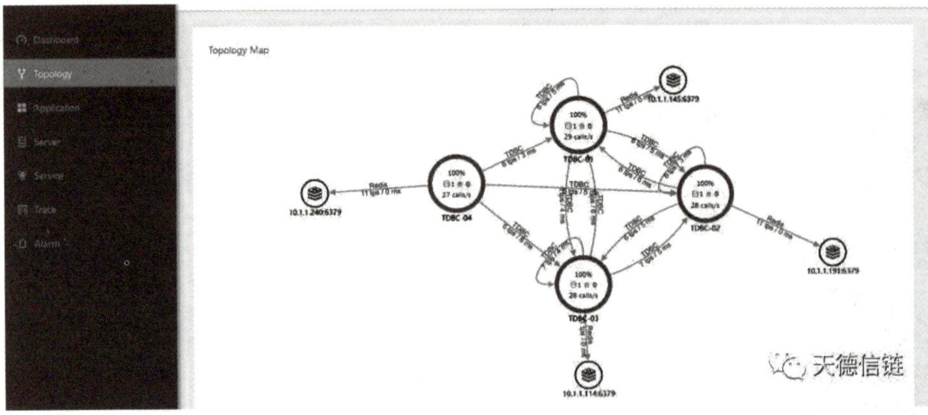

图 8－9　共识过程分布式链路追踪拓扑

资料来源：https://mp. weixin. qq. com/s/7fgQ8ao0g6IK2HDQDfBSBw?scene=25#wechat_redirect.

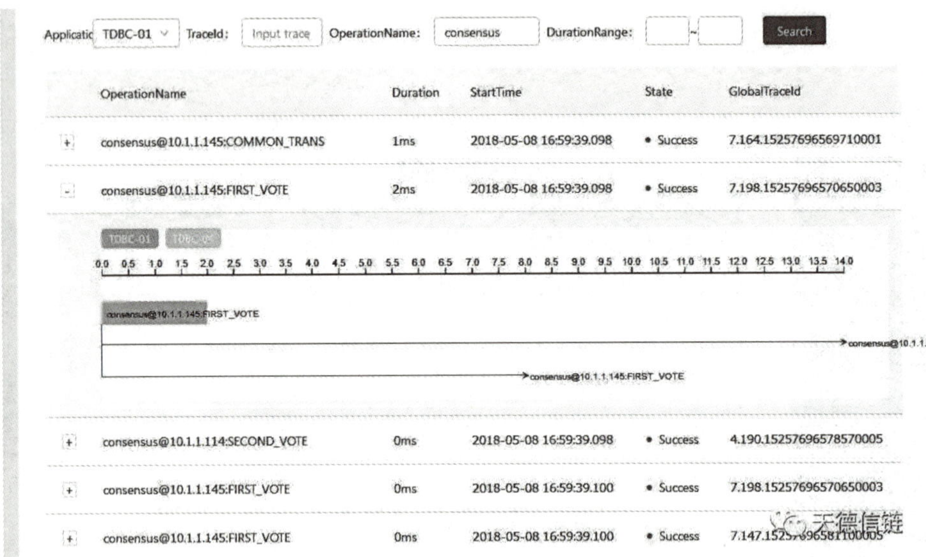

图 8－10　共识过程数据追踪

资料来源：https://mp. weixin. qq. com/s/7fgQ8ao0g6IK2HDQDfBSBw?scene=25#wechat_redirect.

8.4 泰山沙盒测试下区块链的分类

根据蔡维德教授的泰山沙盒测试，可以将区块链划分为真链、弱链、伪链、非链、胡链和空链等。[①] 在本节我们介绍在泰山沙盒测试下区块链的分类。

① 资料来源：https://mp. weixin. qq. com/s/aD8eJQ9IIBcvv9_OI_9HLw.

真链是使用了拜占庭将军协议这种共识机制的区块链，至少需要三轮投票，节点之间相互独立。

弱链是指采用了弱化的一致性协议的区块链，相比真链减少了一轮投票，只需要两轮投票即可达成共识，具有较快的速度，但是不能发现或者抵挡恶意节点，无法抵抗拜占庭攻击。

伪链则是具有更快的交易速度的区块链，但是伪链采用了集中控制，其明显缺点就是安全性低，如果链的核心节点被攻破，则整个区块链系统会被攻破。以 Hyperledger 为例，它是 2015 年由 Linux 基金会发起的推进区块链技术和交易验证的开源项目，旨在推动区块链跨行业应用。但是 Hyperledger 中每笔交易都经过了 ZooKeeper 软件的处理，而 ZooKeeper 是一个集中控制系统，因此，Hyperledger 也是集中化的，属于区块链中的伪链。

非链是指改变区块链的架构或者只保留一部分属于区块链的机制，在设计理念方面与区块链有类似之处，但是不属于区块链的链。比较出名的非链包括 IOTA、Hashgraph、Corda、闪电网络、Guardtime。在这里以 Corda 为例。它是由 R3CEV 推出的一款分布式账本平台，借鉴了区块链的部分特性，例如，在平台中使用了智能合约，但是在本质上却不同于区块链。该平台并非对所有人开放，只面向银行间或者银行商业用户之间的交易操作。Corda 的出发点是公司之间的单笔合约，共识也只发生在单笔交易的参与方之中，而不是所有节点之间，因此采用了弱链中的一致性协议，在验证过程中使用了数字签名。目前，大部分非链尚未经过严格的检验，仍有不断创新发展的空间。

此外，胡链是指缺乏科学依据甚至与事实相违背的链，例如将几种不能融合的技术放在一起凭空猜想设计出的链。

空链是指没有落地的链，例如当前存在很多假的项目，只发币、炒币，并没有具体落地。

8.5 区块链教育

目前，由于政府的高度重视，金融行业普遍开始了区块链的布局，区块链也将成为未来信用社会的基石，区块链引发的变革将会是一场新的革命。但是由于区块链飞速发展，从而导致了由区块链引发的概念炒作、投机炒币等情况的存在，各方面意见不一，争议较大，因此，建立人们对于区块链的全面且正确的认识势在必行。

在区块链教育方面，要教人们更清楚地认识区块链，认识真正的区块链。首先，要教真链，不要教其他链，因为其他链的不合理性早已经被证明了，虽然现在的市场上有相关的白皮书，但不是真链的链最终难以落地。其次，要设计一套让学生快速入门的体系，在底层可以以编程实战为主；在中间层可以以计算机基础知识为主，包括算法、系统、网络、架构、数据库等；在上层也就是应用层，可以涉及区块链能够应用的各个学科，例如法律、金融、经济、哲学、心理学、社会学等。由于目前区块链的知识还处于早期阶段，因而对于区块链的教育要真实并且长期。不仅如此，区块链教育要从技术的本质出发，做科学的教育。

区块链的教育要本着合作、动态、成熟、真实、独立思考不迷信的原则。要实行多领域及多学科合作、产学研合作与国际合作，因为真正懂区块链的人可能真的很少，要通过合作来加强对于区块链的认识。此外，随着区块链的不断发展，对于区块链的教育内容要动态更新，并不断利用新技术实现教学方式的变革。要教已经经过证明的正确的思想和技术，而不是盲目地追求新的理念，因为新的思想可能只是骗局。要从真实的区块链系统出发，做真实的系统而不是实验室模型。要独立思考，不迷信领头科技公司或者金融机构。

区块链的教育要从产业沙盒开始，因为产业沙盒不仅是一个区块链系统的评估测试平台，也是区块链系统的开发平台、监管平台与教育平台，可以帮助区块链产业步入正轨。对于区块链的教育要博采众长，要综合国内外最好的区块链课程设计方案，提取出最适合的方案，并且关注在线教育的形式，扩大学生的知识面，总之，要采取众智的模式，结合群体的智慧。

不仅现在真正懂区块链的人少，已经落地的真正的区块链也少。我们既要看清楚每一个区块链背后的本质，是否采用拜占庭将军协议，符合集中控制特点，是否有容错性，也要从现在起重视区块链的教育，教会大众区块链的理念与实践，对区块链进行一次深入的“扫盲”。

8.6 本章小结

区块链作为新出现的热门技术，在监管方面还存在着很大的不足，但是区块链产业沙盒的出现为区块链监管作出了巨大贡献，使得区块链可以在被监管测试的环境下进行安全的实验。不仅如此，区块链沙盒也为目前区块链良莠不齐的情况提供了新的解决方案，使得真伪区块链得以辨别，也正是区块链沙盒测试将目前的区块链分成了真链、伪链、非链、胡链等。

在当前的发展阶段，区块链远远不够完善，出现一些问题是正常的。出现“伪造”的链也是出于改进当前现状的不合理性的目的，在适当的场景下，使用适当的链解决适当的问题就可以了，而不需要关注它是否在严格意义上是区块链；真正懂区块链的人可能并不少，只是他们并没有达成共识，形成合力，最大限度地发挥彼此的才能。而区块链的炒作、投机等现象确实不利于区块链技术的发展和应用，应予以一定重视。

未来，区块链本身的完善、对大众的普及以及对负面应用的处理还有很长的一段路要走。

思考题

1. 试解释沙盒的概念。
2. 请分析区块链沙盒的意义。
3. 试分析在区块链沙盒的监管下区块链未来发展的方向。

第 4 篇

区块链应用及展望

第9章 基于区块链的金融科技应用举例

本章学习目标

- 根据基于区块链技术的金融科技具体案例，了解区块链目前在金融科技领域的应用情况以及未来发展
- 了解区块链在金融科技领域的应用的特性

目前，各企业在不断探索区块链技术为行业发展带来的改变。蚂蚁金服、京东、百度、IBM等多家企业在2018年推出了大批区块链应用。基于区块链的特性，过去几年摩根大通、汇丰银行、花旗银行等金融机构都陆续开展了区块链项目的研究和试点。在金融领域，区块链的应用层出不穷，下面将介绍几个基于区块链的金融科技领域的应用案例。

9.1 蚂蚁众筹——相互宝

蚂蚁金服联合芝麻信用在2018年10月16日推出相互保，在短短两个月的时间内已有超过1 300万用户加入。后来相互保升级为相互宝（如图9-1所示）。相互宝融入了区块链技术，实现了“零元加入，一人生病，众人分摊”的理念，最高保障金额可达30万元。

用户加入相互宝超过 90 天即可申请保障金，并且申保人的信息需要进行公示，即向全部参保人公示申保人信息，体现了整个体系公开透明的原则。在公示结束后，由加入的成员进行分摊，然后对申保人拨付保障金。而这种分摊方式使得该种保险的保障金募集方式类似于众筹，整个募集过程对每个客户都是公开透明的。

在图 9－2 中，我们也看到支付宝给出的官方定义，即相互宝不是保险，只是基于“帮助他人，守护自己”的互助精神而为会员提供的互助共济机制。这一解释则更说明了相互宝是一个类似于众筹的互助体系。众筹是指利用互联网的传播特性，通过互联网发布筹款项目并募集资金的过程。与传统融资相比，众筹的方式更加开放，有无限可能。

图 9－1 相互宝截图 1

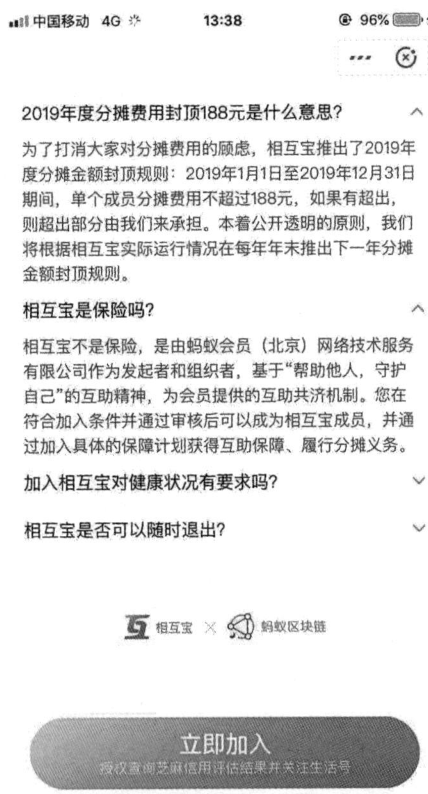

图 9－2 相互宝截图 2

在图 9－3 中，我们可以看到对于加入相互宝所设定的限制，即要求芝麻积分 650 及以上。这在一定程度上规定了成员的准入条件，但是也为整个体系中用户的信用质量提供了一定的保障，大大增强了用户之间的可信任度。对于保费的缴付，相互宝采用分摊的方式，分摊金额为（互助金＋管理费）/分摊成员数。这种分摊的支付方式充分体现了区块链的技术思想。若每期分担金额总量超出保障金和管理费，则剩余部分记为结余。结余可用于分摊不足的部分或用于解除保险合同等情形下保险费的退还。

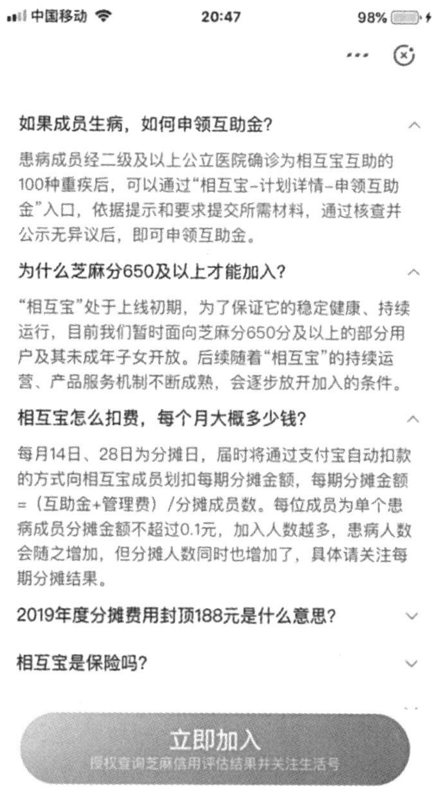

图 9－3　相互宝截图 3

2018 年 12 月 7 日，相互宝公布了首例通过核查的案例申请。该案例为一个因意外导致脑部外伤的 5 岁女童，2018 年 11 月 18 日，该女童在上海交通大学附属新华医院接受了手术治疗，符合上述提到过的等待期内意外致病申请互助金的条件。第三方核查公司进行了对家属的面访以及医院的走访，核查了信息的真实性。同时，为了确保信息的公开透明，对该案例的医疗诊断证明、出院小结、手术记录信息等进行了区块链存证并在系统中进行了为期三天的公示，在此期间，无人对此申请提出异议，该女童顺利拿到了 30 万元互助金。在这个互助案例中，每位加入相互宝的成员只需要提供 3 分钱就成功帮助了这个女童，这更让我们看到了通过互联网与区块链的平台构建的众筹互助组织的共济力量。

相互宝构建了一个有大量客户群体的互济平台，允许平台上的客户在需要救助金的时候通过公示等方式征得平台上其他人的同意，并在短期内融得资金来获得救助。可以说，蚂蚁金服推出的这一款大病救助平台为会员提供了类似于大病保险的救助保障。相互宝的出现实现了区块链在互济众筹领域的落地应用，并且在短期内就吸引了大量客户，是区块链落地实践的成功案例。

9.2 数字链矿池——好矿

好矿是数字链社区认证的矿池公司，是基于莱茨币（LCC）的专业矿池。图 9－4是好矿网的首页。从图中可以看到，目前好矿网拥有 22 684 台矿机，算力为 1.89GH/s，已挖矿近 30 万块，已发放超过 1 700 万 LCC。

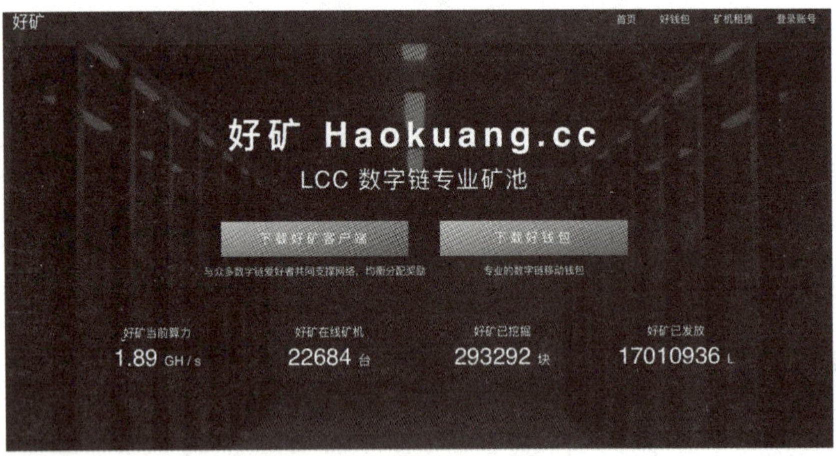

图 9－4　好矿网截图

资料来源：https://www.haokuang.cc.

好矿平台还提供了矿机租赁服务，客户可通过在这个平台上租赁矿机并利用矿机挖矿而获得收益。

好矿还提供了可以在手机上使用的好钱包App。图 9－5 为好矿公司推出的数字链移动钱包的首页，图 9－6 为好矿App的登录页面。

图 9－5　好矿 App 截图 1

图 9－6　好矿 App 截图 2

登录后可以查看“矿机”部分，如图 9－7 所示，我们可以在这一部分进行租赁矿机、查看已有矿机以及自主添加矿机的操作。在“租赁矿机”一栏中，如图 9－8 所示，可以查看 LCC 运算设备的具体情况以及空闲矿机的剩余台数，客户可根据情况进行支付并租赁矿机的操作。该矿池的矿机的租赁实行保底的方法，一旦年挖掘量少于一定限制，矿池公司将对客户进行补偿。

如图 9－9 所示，在“原力”这一部分可以看到自身的挖掘原力，并可以查看自身收益以及挖掘原力排行榜。图 9－10 为“账户”部分，在最上方可以看到用户可使用数字链等信息。除了用户的基础设置以外，在这一部分还可以在“我的钱包”一栏中查看自身的钱包地址，在“我的交易”一栏中查看登录账户的交易记录等信息，用户可以通过“发送交易”向其他地址发起交易。在

图 9－7　好矿App截图 3

图 9－8　好矿App截图 4

图 9－9　好矿App截图 5

图 9－10　好矿App截图 6

“数字银行”一栏中，用户可储存已拥有的数字链并获得一定的收益，具体储存信息见图 9－11。

图 9－11 好矿App截图 7

9.3 学生创业项目——EIB 校园

本节介绍由大学生发起的创业项目 EIB 校园，这是一个面向学生开放的共享项目。除了可以充当大学生的社交论坛以外，该平台还可以进行图书的共享、二手物品的交易等活动。

图 9－12 是 EIB 校园 App 的首页，用户从中可以看到 EIB 校园的推广内容以及现有活动，例如图中的“砍价促销”。图 9－13 是该平台的商城部分，用户可以看到“美妆商城”中正在售卖的化妆品等，点击物品可以看到其详细购买信息，在上方的搜索框中也可以对需要购买的物品进行搜索。

图 9-12　EIB 校园 App 截图 1

图 9-13　EIB 校园 App 截图 2

图 9-14 是该平台的“二手”部分，用户从中可以看到正被交易的二手物品，同样也可以对物品进行搜索。点击右下方的“+”或者右上方的“发布二手”，用户可以进行卖家认证，然后可以在平台上发布二手物品交易信息。

图 9-15 是“更多”这一部分，用户从中可以看到“社区”“EI 币”“共享图书”三栏。点击“社区”会进入如图 9-16 所示的“社区论坛”板块，用户可以通过点击进入“交流”“实习”等不同的模块，也可以根据自己的爱好输入感兴趣的内容。在相应的内容下方，用户可以对话题进行点赞、评论等操作。同时，用户可以通过点击右上方的“发布话题”自行发起话题。点击“EI 币”一栏会看到由 EIB 校园平台发布的虚拟代币 EICoin，在图 9-17 中可以看到该币的当日价格以及涨跌幅等情况。EI 币可以通过二手交易获得，可以用实时价格进行交易，同时也可以对其进行提现等操作。

图 9－14　EIB 校园 App 截图 3

图 9－15　EIB 校园 App 截图 4

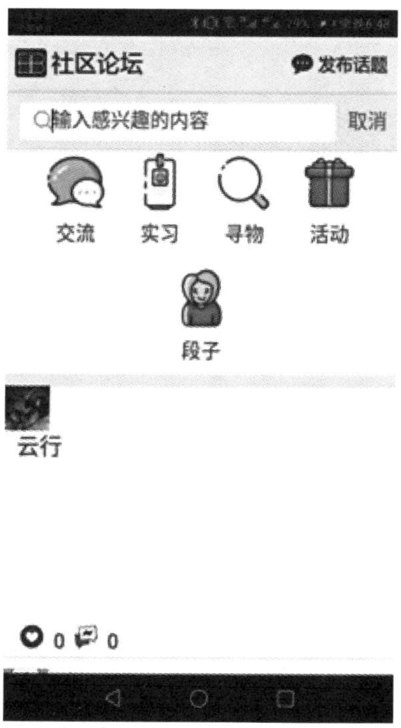

图 9－16　EIB 校园 App 截图 5

图 9－17　EIB 校园 App 截图 6

图 9-18 是“共享图书”的具体内容，可以在其中通过搜索查看现有书籍，然后进行具体时间的预约并对其进行借阅。图中还可以看到热门的搜索内容。

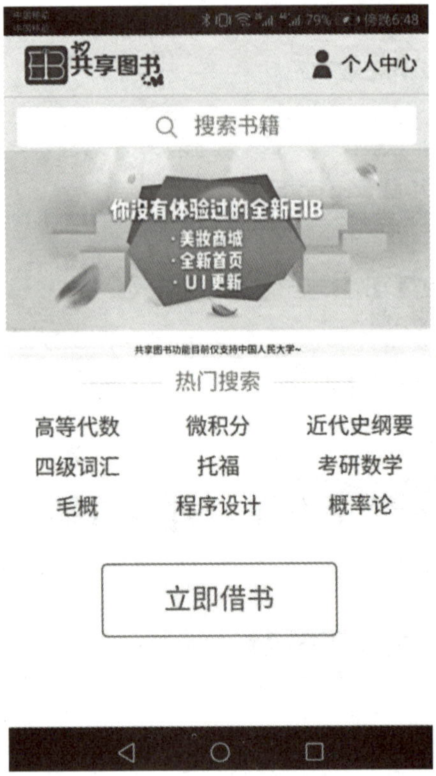

图 9-18　EIB 校园 App 截图 7

9.4　本章小结

在区块链技术应用方面，金融服务是区块链最早的应用领域之一。中国工程院院士邬贺铨曾表示：区块链技术为完善金融科技的生态创造了条件。由于区块链技术解决了中介化的痛点，简化了一系列交易环节，节省了交易成本，因而金融领域也是区块链应用数量最多、普及程度最高的领域之一。2018 年，我国金融区块链的应用逐步展开，中国人民银行积极开展针对国家数字货币的研究，成立了央行数字货币研究所，积极研究基于区块链技术的数字货币。2018 年 8 月，中国银行通过区块链跨境支付系统，成功完成河北雄安与韩国首尔两地间客户的美元国际汇款，这是国内商业银行首笔应用自主研发区块链支付系统完成的国际汇款业务。在金融科技领域，区块链技术还可以被广泛应用于清算、审计和结算业务。未来根据区块链技术开源、透明的特性，系统的参与者都能知晓系统的运行规则，验证账本内容和账本历史的真实性和完整性，从而提高了系统的可追责性，降低了系统的信任成本。

本章围绕区块链金融科技应用，介绍了几个典型案例，有在校大学生的创业项目，也有较为成熟的众筹项目。随着区块链技术的不断成熟与发展，越来越多的区块链项目出现在市面上，其中有成功的项目，也不乏后继无力的项目。而正如上一章区块链沙盒中所讲到的，很多区块链并不是真正的区块链，而只是借用了一些区块链的思想或者不合适的链，而这些区块链在出现之前没有经过相关的区块链测试，可以想象，很多非链或者胡链是无法通过区块链沙盒测试的，而这些区块链在市面上的出现拉低了我国区块链的发展水平。因此，区块链产业沙盒的模式是值得推广且有必要的。

思考题

1. 试根据自身理解，解释区块链在众筹领域的应用过程。
2. 试分析区块链还可以在哪些领域进行应用，并解释原因。
3. 试预测未来区块链的金融科技应用的发展前景。

第 10 章

基于区块链的医疗应用

本章学习目标

● 根据基于区块链技术的医疗应用具体案例，了解区块链目前在医疗领域的应用情况

● 了解区块链目前在医疗领域应用的重点和未来发展

医疗信息安全一直是国际上的热议话题。随着区块链技术的日益普及，区块链技术的不可篡改性可以对医疗科研数据流转进行追踪记录，这为医疗信息安全提供了解决方案，并且区块链技术在保护患者个人隐私的同时，可以让医疗健康数据以更为安全、快捷的方式进行全网共享。2017 年年初，美国食品药品管理局（FDA）宣布与 IBM Watson Health 共同合作，研究如何使用区块链技术来共享健康数据，以最终改善公共健康状况。下面我们将介绍在医疗领域基于区块链技术的几个典型的应用案例。

10.1 东华医为——健康链

2018 年东华医为与腾讯联手发布“一链三云”战略，2019 年 3 月东华医为正式发布旗下区块链产品“健康链 · hBlock”首个版本，并于 2019 年

6 月正式上线。健康链・hBlock 是一个基于 Hyperledger Fabric 区块链引擎的、为医疗场景而开发的联盟链。该平台提供对患者数字医疗信息的确权、存证、共享、溯源等数据治理服务。图 10－1 是健康链的网站截图，我们从中可以看到，该平台的产品特色包括使用联盟链、采用国家密码算法、使用多协同平台等。

图 10－1　健康链产品特色介绍

资料来源：https://hblock.jiankangle.com/index.html.

健康链主要提供三大功能，分别是健康档案的建立存储、电子病历的共享调阅、科研数据的管理。健康链的成员节点由各医疗机构、卫计委、医疗协会、电子数据司法鉴定中心、医疗信息技术公司等机构组成。截至 2020 年 2 月 24 日 15：00，健康链上已经保存了 2 619 453 个区块，交易量达到了 18 485 630，这个数字还在以每 24 小时完成 46 502 笔交易的速度增长。在健康链网站，任何人都可以通过健康链浏览器查询每个区块的信息，如图 10－2 所示。详细信息包括现区块哈希值和前区块哈希值以及梅克尔树根哈希值等，如图 10－3 所示。

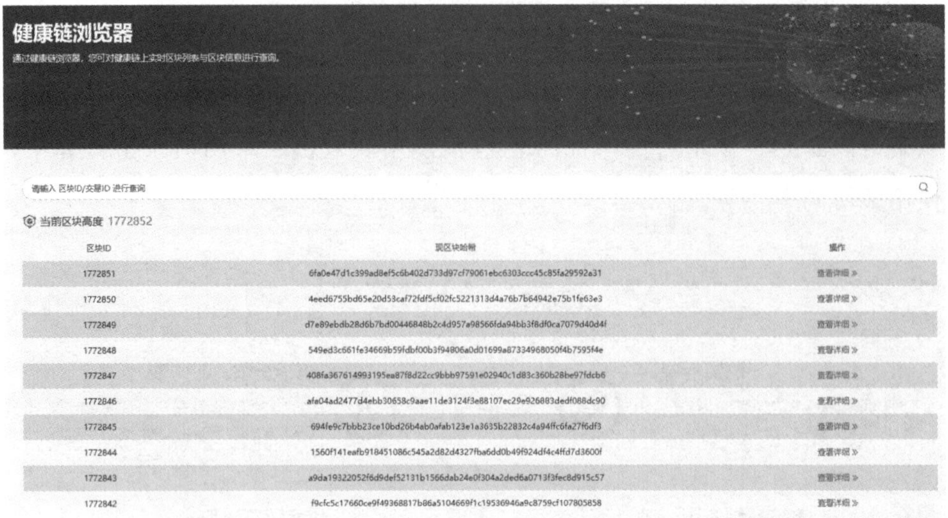

图 10-2　健康链浏览器区块搜索

资料来源：https://hblock. jiankangle. com/browse. html.

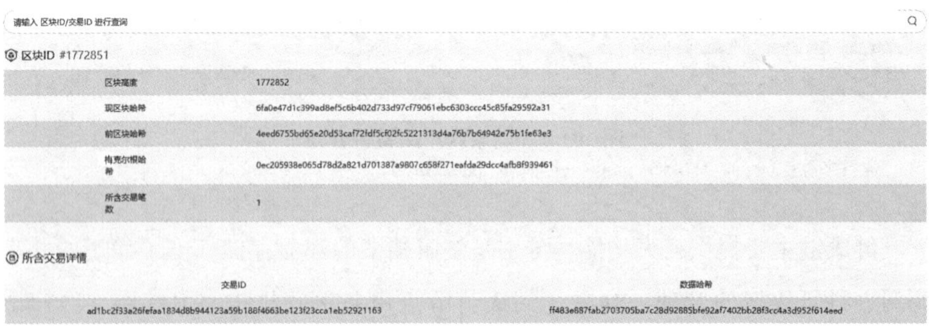

图 10-3　区块信息查看

资料来源：https://hblock. jiankangle. com/browse. html.

健康链利用区块链技术特性，旨在形成一种切实可行的信息互联互通、数据合理利用的技术解决方案。数据安全、数据权力、数据存证和溯源等是整个医疗行业数据的应用痛点。图 10-4 是健康链的数据系统流程，我们从中可以看到，医疗数据的交换和存证相比于其他行业来说更需要国家监管，如何使区块链技术更好地服务医疗健康领域值得深入探索。

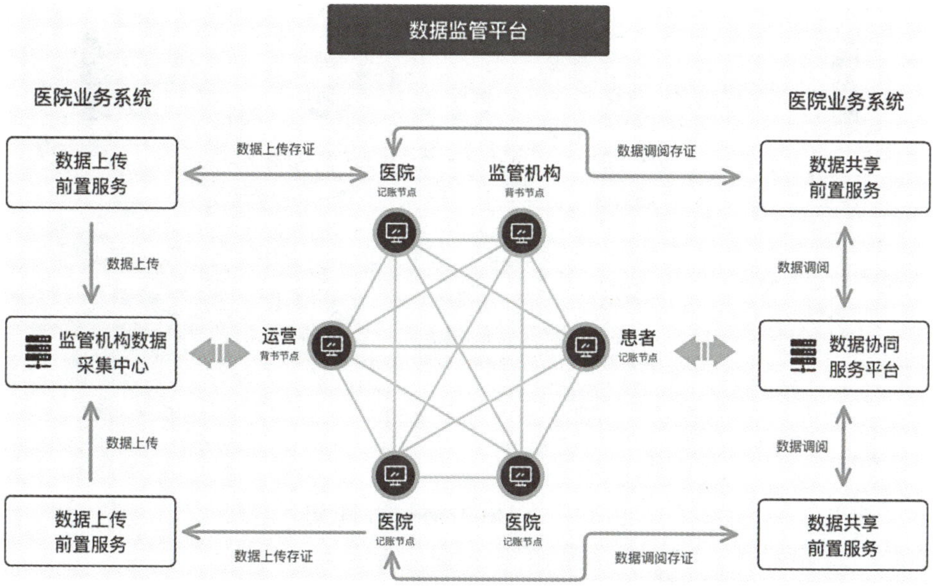

图 10－4　健康链数据系统流程

资料来源：https://hblock. jiankangle. com/solution. html＃.

10.2　药品供应链管理系统——MediLedger

制药行业可能正在解决一个长期问题：如何阻止失窃或假冒药品流入供应链并流向患者。答案来自区块链技术。2017 年 9 月 21 日，一组公司宣布了 MediLedger 项目，该项目创建用于管理药品供应链的区块链工具，包括制药巨头 Genentech 和辉瑞（Pfizer）在内的该集团已经成功地完成了一项追踪药物的试点项目。MediLedger 汇集了领先的制药商和分销商，使用基于区块链原则的先进的、可定制的分散式供应链管理系统。这个动态系统创新了跟踪规则的演进解决方案，并在供应链的整体运作中改进了一个步骤的功能。MediLedger 项目正在为制药行业建立一个基于开放标准和规范的、有行业许可的区块链网络，网络节点分布在业内人士和技术提供商之间。图 10－5 是 MediLedger 的网站截图，我们从中可以看到，该平台特点包括基于区块链、业务转换可扩展、保护患者安全和药品供应安全、简化付款流程等。

图 10-5　MediLedger 官网截图

资料来源：https://www.mediledger.com/.

MediLedger 项目的主要目的是展示遵守《药品供应链安全法案》（DSCSA）的情况，以及利用区块链技术的溯源能力跟踪和追踪处方药，重点展示防止假药进入供应链的能力。DSCSA 要求业界采用“互操作系统”来管理处方药的所有权和转让记录。图 10-6 是产品验证系统（Product Verification System）架构，它展示了 MediLedger 如何应用区块链技术在分销商和制造商之间保证药品供应安全。

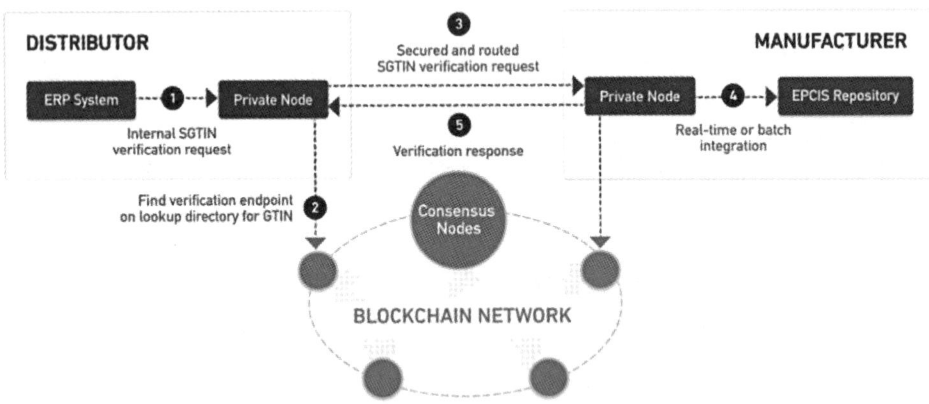

图 10-6　产品验证系统架构

资料来源：https://www.mediledger.com/.

区块链相较于旧的技术提供了许多独特的优势。每当资产在区块链上注册、验证或转移时，分布式验证“节点”网络就会形成共识，使得恶意行为者极难伪造或篡改事件日志。MediLedger 项目旨在利用这一能力创建一个可交互操作的系统，使包括制造商、分销商、医院和药店在内的多方能够注册、核实和转让对其真实性和出处具有绝对信任的药品。这是在监管透明度和消费者安全方面向前迈出的重要一步，也标志着在将区块链技术应用于生物制药工业方面迈出了重要的一步。目前 MediLedger 项目已经在北美和欧洲部署了测试点，并于 2018 年第四季度投入商业运营。

对于制药业来说，区块链的潜在优势不仅仅是保障供应链的安全。节点系统基于权限的特性是公司在不“泄露关键业务信息”的情况下与合作伙伴以及客户共享信息的一种更好的方式。MediLedger 项目解决了敏感的数据隐私问题，使分散式网络成为可能。合作伙伴之间不共享商业智能，但是由于整个供应链上的零知识交易验证，规则仍然是可执行的。这种方法可以创建一个充满活力的、开放的发展环境，并为制药行业开启创新的解决方案，从而超越当前技术在市场上能达到的极限。图 10 - 7 是 MediLedger 项目的效果图，它保证了药品供应链 100%的安全，从制造商到仓库、再到医院的临床实验点、最后到患者的家里，这一过程都处在严格的监管之下，有效地防止了假药进入供应链。

图 10 - 7　MediLedger 项目效果图

资料来源：https://www.slideshare.net/robinruet/the-medi-ledger-project.

10.3 PokitDok——DokChain 医疗区块链项目

PokitDok 是一家为医疗保健领域开发 API（应用程序界面）的公司，旨在为医患双方创造更广泛、更实惠的交易——帮助患者了解各机构医疗健康服务价格，帮助医院找到患者群、处理医保账单。PokitDok 为开发人员提供允许用户搜索 PokitDok 供应商目录的 API，为企业实现设立在线商店、在线预订、在线支付和支付保险等基本服务。PokitDok 还提供 App 接口，可以为第三方开发者（如支付人、卫生系统和数字健康公司）提供包括支付处理、保险公司的资格检查、转诊、保险赔付、跨平台病历调用、病人身份管理和供应商搜索等功能在内的软件框架。此外，它更强大的功能在于，移动端和网页端的开发人员可以利用 PokitDok 的 API 构建医疗应用程序来满足挂号、核保、付款或转诊等需求，为不同医疗系统间的数字信息共享提供了可能。图 10－8 是 PokitDok 的网页截图，我们从中可以看出，PokitDok 帮助患者快速得到自己的健康信息，随时和医疗团队联系。利用 PokitDok，供应商可以得到包括来自其他供应机构的完整票据在内的医药历史信息，有效率地与患者交流和进行管理实践；医疗机构可以节省数据外泄的损失，减少再入院的罚金和 IT 支出。

图 10－8 PokitDok 帮助的群体

资料来源：https://pokitdok.com/.

以前的医疗基础架构不是为一个以价值为基础的世界而设计的，这是PokitDok的出发点。PokitDok 的 API 平台使医疗保健业务的数据整合变得迅捷和简便，用户可以创建新的医疗模式，而不替换基础架构或更改工作流程，如图 10－9 所示。

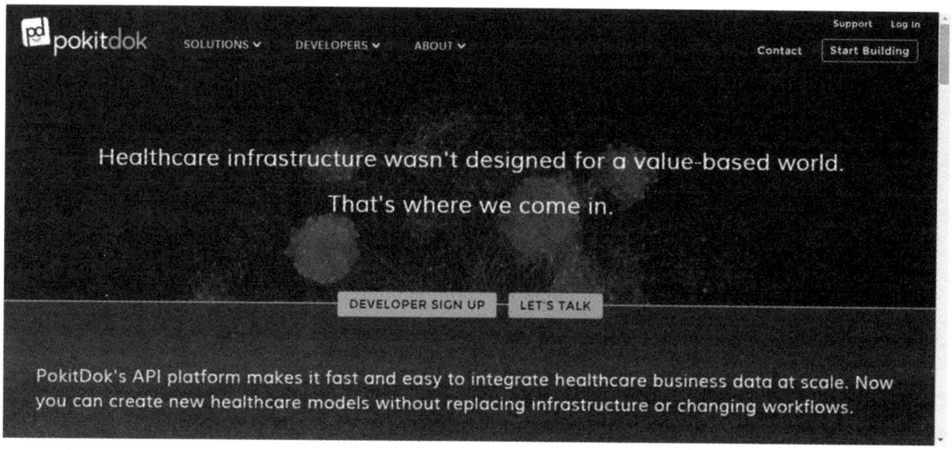

图 10－9　PokitDok 网页截图

资料来源：https://pokitdok.com/.

PokitDok 在 2016 年 10 月首次推出名为 DokChain 的区块链——一个“跨越医疗行业，运行于财务和临床数据事务处理的分布式网络”。

2017 年 5 月 10 日，PokitDok 宣布与英特尔开展合作，共同开发 DokChain 医疗区块链解决方案。英特尔将为 PokitDok 提供其开源软件 Hyperledger Sawtooth 作为 DokChain 的底层分布账，并将英特尔芯片用于处理区块链交易请求。

PokitDok 与英特尔合作的 DokChain 医疗区块链解决方案的基本功能是对交易各方的身份进行确认，识别消费者和医疗服务方。另外，它可以“自主判决”，简单来说就是一旦交易各方身份被确认，它们之间可根据之前达成的合约来快速完成交易。DokChain 能够简化患者登记手续，自主处理健康保险管理，计算超出预算的开支估计值，并简化各种医疗冗余流程（如医疗支付和报销）等。这样，患者就可以节省大量的时间和精力，得到更好的医疗体验，省钱且省时。图 10－10 展示了 PokitDok 的工作原理，只要提交病人的药房保险、计划号码、处方药物和处方提供者的国家提供者身份（NPI），在几秒钟内，药房 API 就能返回估计的自付费用、可扣减费用、事先授权、步骤治疗的要求等信息，极大地方便了患者。

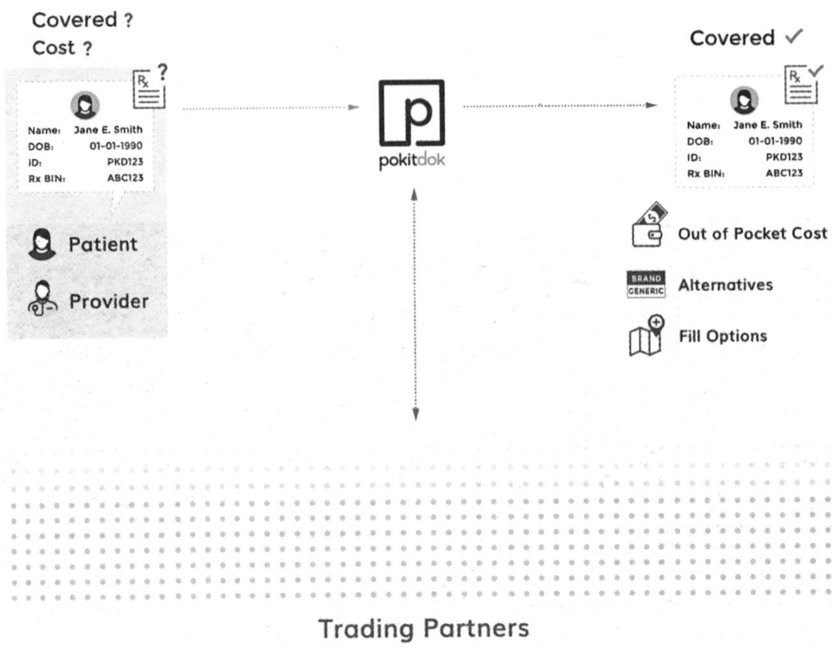

图 10－10　PokitDok 工作原理

资料来源：https://pokitdok.com/.

此外，区块链还可以进行医药防伪溯源：当医生开完处方后，信息会被记录在区块链上，消费者会看到公开透明的药物价格。而对制药商和医疗用品商来说，区块链还能帮助进行医疗用品的库存和订单管理。流程简化、防伪溯源、药物供应管理这三方面功能结合起来，能够有效防止欺诈、保护隐私并让医疗服务流畅化。图 10－11 是 PokitDok 的网站截图，我们从中可以看到，PokitDok 的优势包括提高患者满意度、减少雇主的保险费用、更加灵活等，该平台和区块链结合能加强这些优势，改善患者的就医体验。

英特尔与 PokitDok 公司合作推出的 DokChain 医疗解决方案，正是需要从芯片层面来处理区块链交易请求。医疗信息交换受到 HIPAA 法案的隐私保护限制，故对安全等级有较高的要求。当区块链技术执行到了芯片级别时，其安全等级将会是前所未有的，而这对于医疗保健领域是至关重要的。在 DokChain 解决方案中，所有数据都是加密和私有的，因此可以在不违反 HIPAA 法案的前提下传递数据。这也意味着你只要购买了有英特尔芯片的笔记本电脑，就能在上面运行 DokChain 系统。

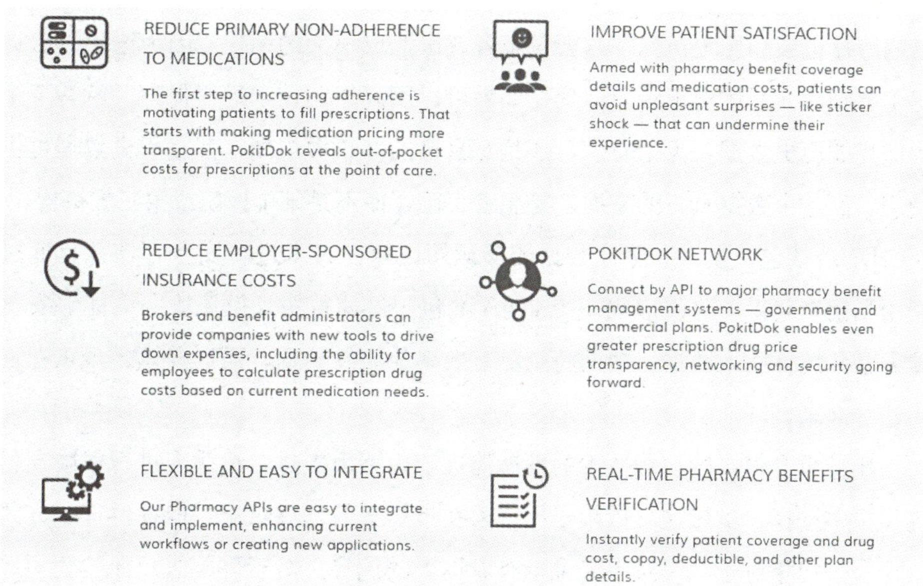

图 10-11　PokitDok 的优势

资料来源：https://pokitdok.com/business/pharmacy/.

10.4　本章小结

现在，很多最前沿的科技还没有被运用到医疗的追踪、诊断和治疗上。本章介绍了利用区块链技术在医疗领域开展应用的三个案例，应用方向有医疗健康档案和电子病历的存储、共享、管理，也有药品流通的可追溯、可监管，以及医疗电子平台的构建等。区块链技术提供的数据密文流转授权以及全程可追溯、可审计的特点增强了医疗管理部门的信心。一个尽可能连接更多医疗卫生机构的区块链网络将实现医疗场景有价值的信息的安全、便捷、可控的流动，带动社会进行医疗底层技术架构的升级，为更多医疗卫生机构带去新的选择，让新技术助力医疗。

未来区块链在医疗领域还有着其他方面的应用：

电子健康档案（EHR）：在医疗方面，区块链最主要的应用是对个人医疗记录的保存，可以理解为区块链上的电子病历。如果把病历想象成一个账本，原本它是被各个医院掌握的，患者自己并不掌握，所以病人就没有办法获得自己的医疗记录和历史情况，这会对患者就医造成很大的困扰，因为医生无法详尽了解到病人的病史记录。但现在如果可以用区块链技术进行保存，就有了个人医疗的历史数据，无论看病，还是对自己的健康做规划，都有历史数据可供使用，而这个数据真正的掌握者是患者自己，而不是某个医院或第三方机构。

DNA 钱包：基因和医疗数据能够运用区块链技术进行安全存储并且通过使用私钥来获得，这将形成一个 DNA 钱包。这使得医疗健康服务商能够安全地分享和统计病人数据，帮助药企更有效率地研发药物。而这种模式也正在逐步建立起来。

比特币支付：区块链技术的发展促进了比特币支付，给病人进行保险支付提供更多选择。虽然这也依赖于比特币在市场上的发展状况，但提供这一方式的保险公司相对于竞争对手来说也有着更大的优势。对于健康医疗保险公司而言，区块链作为金融服务的一个部分正在被建立。

药品防伪：与编码防伪技术类似，对于运用区块链技术防伪的药品，其包装盒表面有一个可以被刮去的面，底下是一个特别的验证标签，将它与区块链相互对照来确保药品的合法性。

蛋白质折叠：由于蛋白质折叠过程十分迅速，斯坦福大学先前依赖非常昂贵的超级计算机来模拟蛋白质折叠过程。这种方式很明显花费巨大并且存在单点故障。通过运用区块链，斯坦福大学能够选择使用一个巨大的分布式网络来进行高速运算。这个例子将会极大地吸引那些使用昂贵超级计算机的其他企业。

随着医疗技术的发展，在病人的身份背景、往期病史以及医疗支付情况的记录等方面，医疗数据正起着越来越重要的作用。医疗数据可能是一个人最隐私的数据，但由于网络操作错误或者黑客攻击等原因，过去这些个人隐私数据却存在着大规模泄露的情况，比如 Anthem 曾经泄露 8 000 万条病人和雇员记录，UCLA Health 曾经泄露 450 万条病人数据。医疗行业目前遭遇大规模的数据质量问题，这些问题可能来自医生的错误、黑客攻击或者相同的电子病历因为同时编辑而未能更新。不管怎样，医疗记录远没有达到可以被完全信任的地步。除此之外，多个供应商持有的相同患者记录的版本不同这一问题同样让我们纠结了很久，而这些供应商却没有相互检查，致使患者处于一种可能会遭受身体伤害、精神伤害和财务损失等会导致副作用的风险之下。

思考题

1. 试根据自身理解，解释区块链在药品监管领域的应用过程。

2. 试根据自身理解，谈谈医疗信息档案和电子病历实现共享调阅面临的困难。

3. 试预测未来区块链的医疗应用的发展前景。

第11章 基于区块链的能源应用

本章学习目标

- 根据基于区块链技术的能源应用具体案例，了解区块链目前在能源领域的应用情况
- 了解区块链在能源领域的应用的特点

能源行业的进化从未停止，随着新能源模式的发展，区块链技术分布式、公开性和透明性的特点与能源互联理念不谋而合，起源于数字货币领域的区块链技术有潜力成为构建未来互联网新生态能源的重要技术之一。为实现能源流、资金流和信息流的有效对接，区块链创业公司积极和能源产业公司合作，期望在区块链的这一新兴技术上探索能源互联网的有效落地应用。

11.1 可再生能源交易平台——WePower

WePower MVP 创建于 2017 年 8 月，同年 9 月，WePower 与爱沙尼亚电力输送系统运营商 Elering 签署了一份谅解备忘录，从 2018 年 1 月开始这个项目就成为基础设施的集成试点项目。WePower 是一个由区块链和智能合约支持的绿色能源交易平台，图 11-1 是该平台网站首页。在 WePower 平台上，

能源生产商通过彼此竞价进行电力交易，能源生产商可以通过发行自己的能源代币来筹集资金，而购买者和投资者可以降低成本来购买能源。

图 11－1　WePower 网站首页

资料来源：https://wepower.network/?spm=a2c4e.10696291.0.0.301019a4xMsskE#.

如图 11－2 所示，WePower 平台具有直接联系可再生能源生产商、公开透明地计算电力消费、标准化的交易规则和有竞争力的价格等优势。其中，公开透明地计算电力消费是指在计算消费时使用基于区块链技术的生产核算解决方案，给予购买者足够的信任来核算发电商生产的每一单位电力。

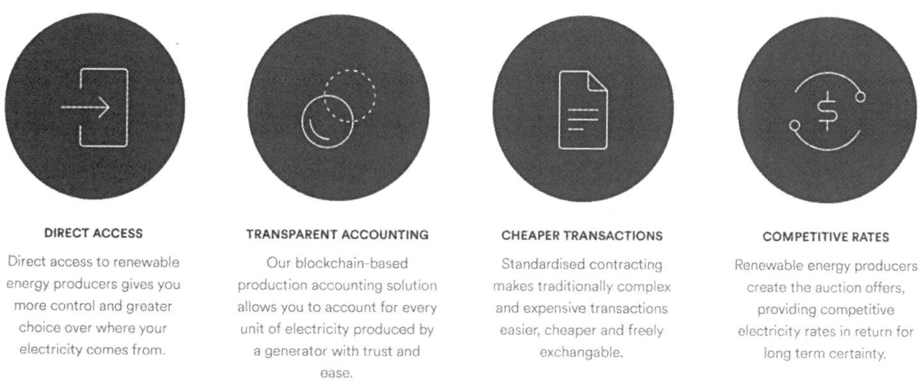

图 11－2　WePower 平台优势

资料来源：https://wepower.network/.

如图 11－3 所示，在 WePower 平台上，购买者可以通过在平台上输入自己的用电模式来匹配到最合适的可再生能源生产商，然后与它们签订数字合同。其中，与可再生能源生产商的直接交易是通过一种称为购电协议（PPA）的金融机制实现的。在当前加密货币价格波动剧烈的情况下如何为合约定价显然是一个问题，WePower 通过以美元计算（虽然实际支付时采用数字加密货币或代币）来解决这个问题。

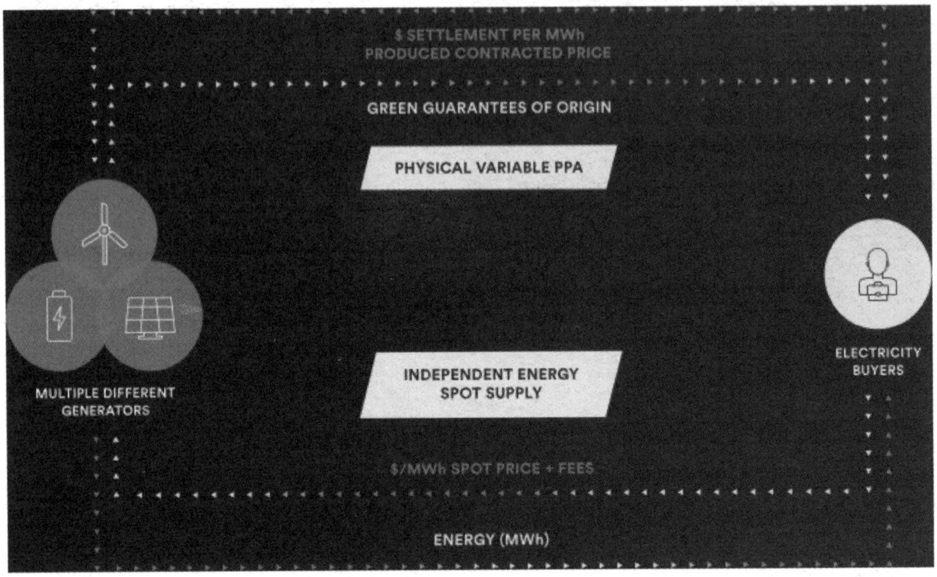

图 11－3　WePower 交易过程

资料来源：https://wepower.network/?spm=a2c4e.10696291.0.0.301019a4xMsskE#.

WePower 的目标是让可再生能源生产商在全球范围内预售它们的产品并获得必要的资本来增加它们的盈利能力。图 11－4 是该平台提供的购买者联系接口，各种规模的企业电力购买者都可以直接从发电机购买绿色能源。但该平台目前仅向授权的企业用户开放，未来该平台将向个人用户开放，并将努力成为绿色能源交易和投资的全球平台。

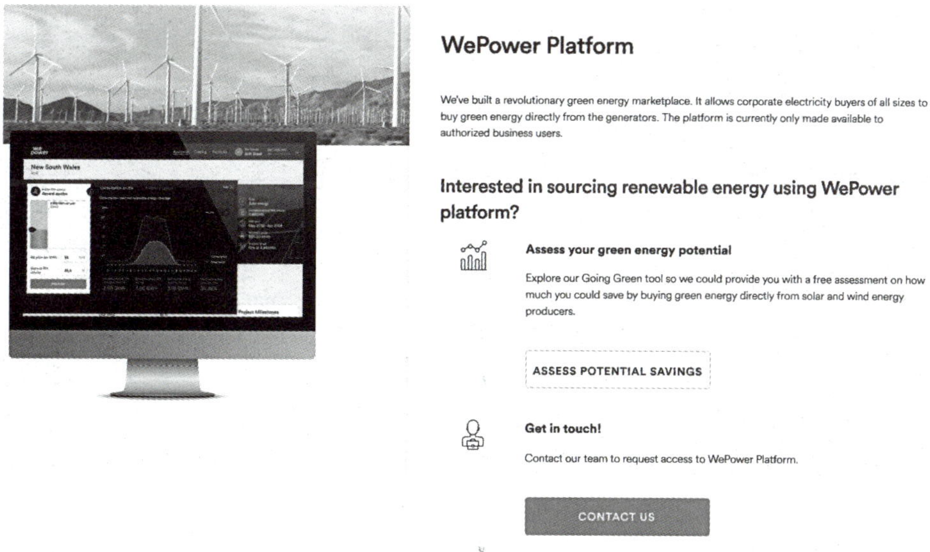

图 11 - 4　WePower 用户连接端口截图

资料来源：https://platform. wepower. network/.

11.2 全球首个区块链 P2P 项目——Power Ledger

澳大利亚的区块链软件公司 Ledger Assets 创立了全球首个区块链 P2P 项目——Power Ledger。Power Ledger 使用的是一个基于区块链的 P2P 的太阳能剩余电力交易系统，并且采用的是由 Ledger Assets 公司自己开发的名为 Eco-chain 的区块链。图 11 - 5 是 Power Ledger 网站的首页截图。

Power Ledger 通过利用自己的区块链技术，使得系统在电能产生的时候就能确定电能的所有者，然后通过一系列交易协议完成电能所有者和消费者之间的交易，允许用户从屋顶太阳能电池板进行点对点能源交易。并且用户的出售价格也高于直接出售给电力公司的价格，最终电能的生产者获得了更大的收益，电能的消费者也获得了更低的用电成本。图 11 - 6 是 Power Ledger 提供的能源贸易的介绍以及产品链接。

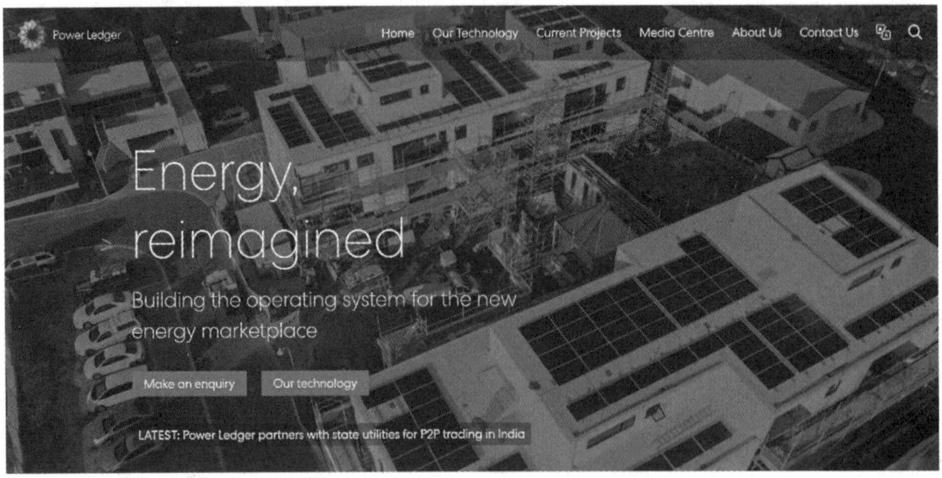

图 11-5　Power Ledger 网站首页截图

资料来源：https://www.powerledger.io/.

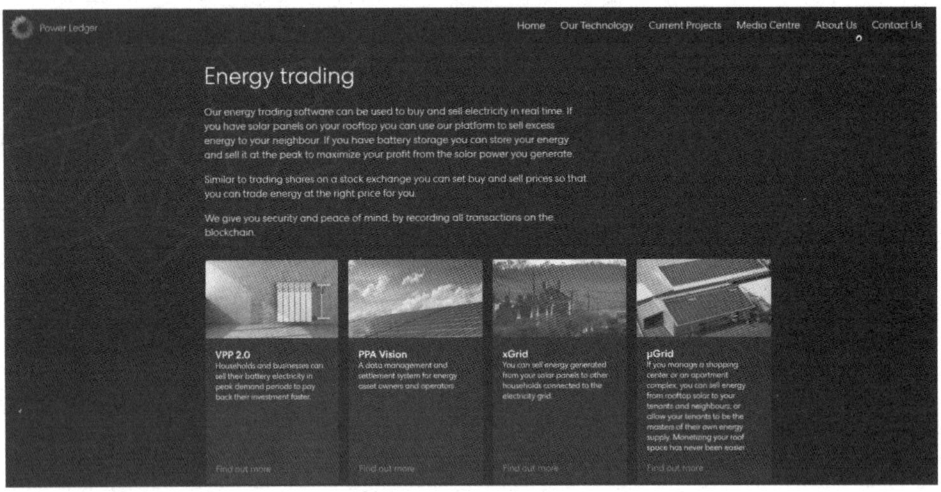

图 11-6　能源贸易介绍

资料来源：https://www.powerledger.io/our-technology/.

图 11-7 是 Power Ledger 提供的环境商品贸易的介绍以及合作项目。该平台通过使用专有的区块链技术来跟踪来自可再生能源的能源，以抵消排放，并跟踪与环境商品和可再生能源信贷相关的大量交易，确保信贷不被重复计算或挪用。Power Ledger 将 C6 与智能电表和数据管理系统集成在一起，可自动跟踪能源并提供有关可再生能源和碳信用额的关键信息。C6 使太阳能和风电力能源所有者可以更轻松、更快捷地跟踪、监控和获取可再生能源和碳信用额。

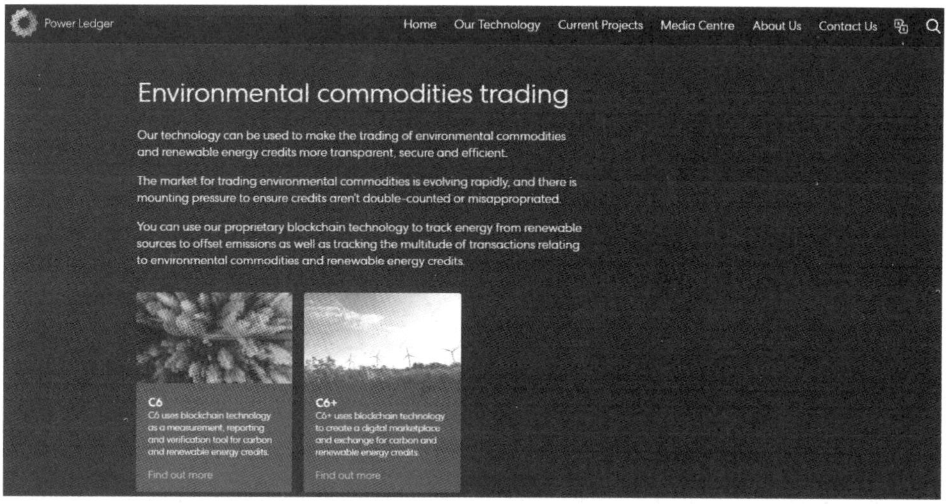

图 11 - 7　环境商品贸易

资料来源：https://www.powerledger.io/our-technology/#.

Power Ledger 旨在帮助人们进行能源交易、环境商品交易和可再生能源投资。Power Ledger 于 2017 年上半年在珀斯市区推出覆盖 80 个家庭的正式版交易系统，虽然 Power Ledger 已经进行了电力交易实验，但总体上还处于示范阶段。当然，如图 11 - 8 所示，Power Ledger 一直在积极扩展自己的项目，其中就包括与日本太阳能供应商 Sharing Energy 和电力零售商 eRex 合作，在日本的部分地区试用 P2P 太阳能交易，以及将该交易平台推广至马来西亚的太阳能光伏屋顶市场等。

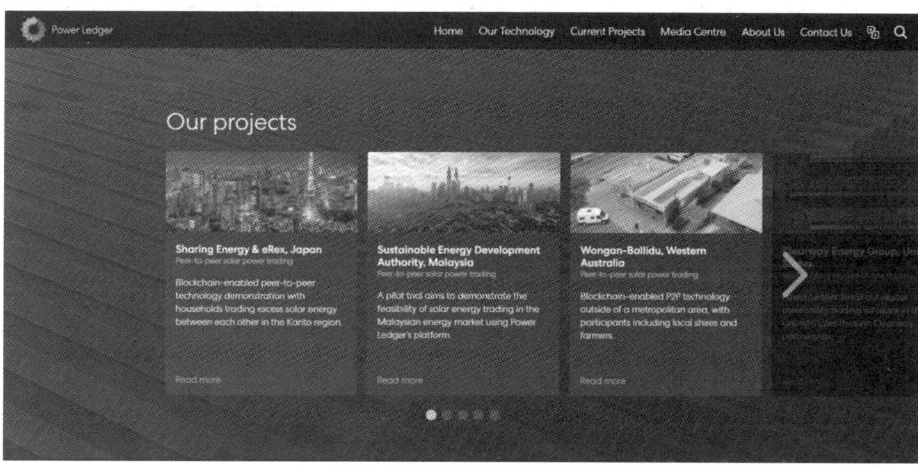

图 11 - 8　Power Ledger 项目介绍

资料来源：https://www.powerledger.io/.

11.3 能源区块链实验室

我国首个能源区块链实验室于 2016 年 5 月 15 日正式成立，这也是全球第一家致力于在能源产业价值链全环节实现区块链技术应用的研发型企业。能源区块链实验室目前正在协同 Linux Foundation 在全球发起 Hyperledger Energy Project。图 11－9 是能源区块链实验室网站对分布式资产投融资的介绍，主要通过能源市场与金融市场应用场景的深度融合，提供基于区块链的便利化绿色资产的数字化登记和管理功能。

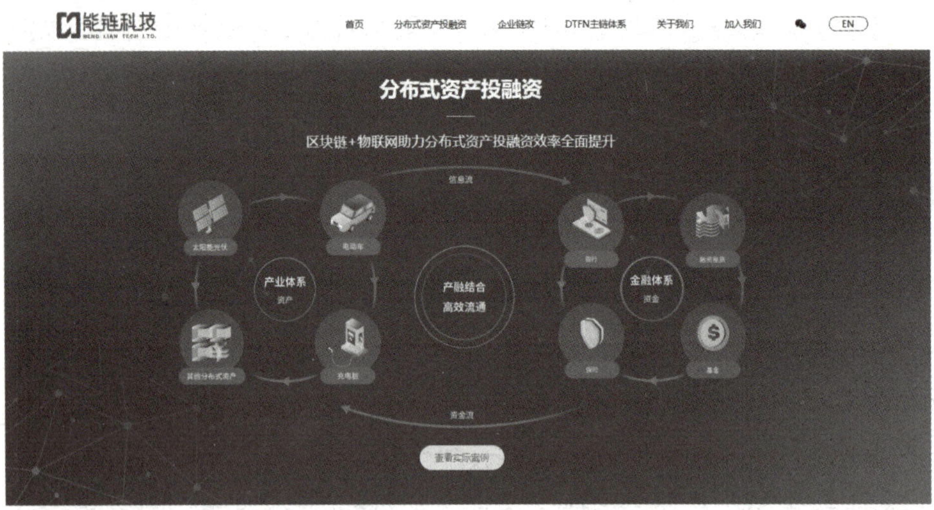

图 11－9　能源区块链实验室网站截图 1

资料来源：http://www.energy-blockchain.com/.

能源区块链实验室旨在提供一个低成本、高可靠性的服务于绿色资产数字化的区块链平台。服务市场包括电动汽车、可再生能源、虚拟电厂、绿色金融等。服务绿色资产包括绿色电力证书和积分、用能权、节能积分、能源设备共享经济积分、绿色债券、绿色信贷、绿色资产支持证券等。

如图 11－10 所示，能源区块链实验室与杭州一智能分拣机器人公司合作，通过能链科技金融级分布式资产数字化平台，链接机器人资产和金融机构，实现了机器人资产透明化、可视化，以及机器人现金流的可信监控和自动划拨。该项目计划在 3 年内布放 20 万台分拣机器人，预计上链资产规模为 30 亿元人民币，预计融资规模达 30 亿～35 亿元人民币。

图 11-10　能源区块链实验室与杭州某公司合作案例

资料来源：http://www.energy-blockchain.com/cases.

如图 11-11 所示，能源区块链实验室与全球性航空资产管理集团合作，通过能链科技金融级分布式资产数字化平台，实现九大机场共享按摩椅设备现金收入的可信监控和可靠分配，通过运营数据及现金流数据的透明化、可视化，引入社会资本，实现证券化。预计上链资产规模超过 100 亿美元，预计募集规模超过 100 亿元人民币。

图 11-11　能源区块链实验室与海航机场集团有限公司合作案例

资料来源：http://www.energy-blockchain.com/cases.

在图 11－12 中，能源区块链实验室和全国性智能蜂箱集团合作，引导金融资本高效率地注入蜂业。该项目将在全国布放 200 万个蜂箱，预计上链资产规模达 60 亿元人民币，预计融资规模超过 50 亿元人民币。项目于 2019 年 5 月 18 日举行联合发布，持续运作正在开展中。

图 11－12　能源区块链实验室与智能装备公司合作案例

资料来源：http://www.energy-blockchain.com/cases.

能源区块链实验室提供的区块链平台将绿色资产开发各环节的参与方都纳入了基于区块链的分布式账本，打造各类绿色资产的数字化登记和管理平台。图 11－13 显示的是能源区块链实验室提供的三种区块链数字解决方案，合作对象包括上海市科学技术委员会和深圳排放权交易所等。

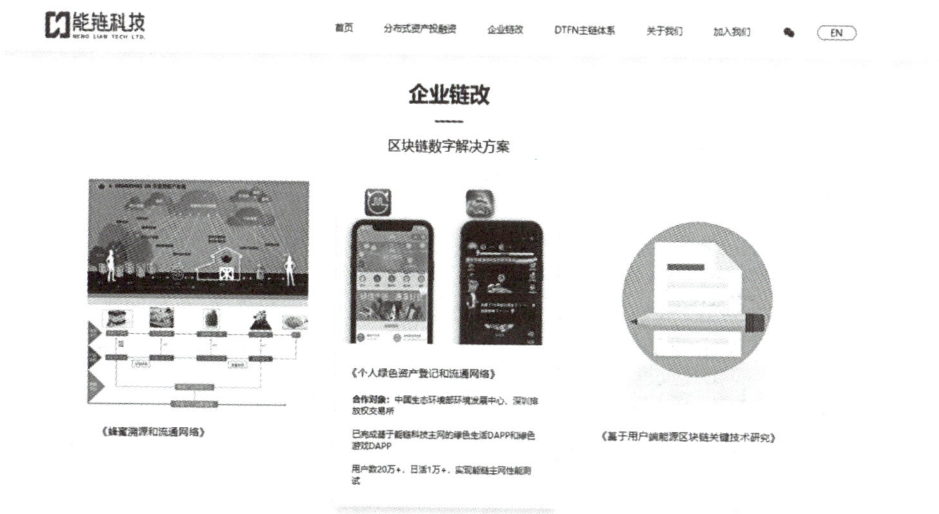

图 11－13　能源区块链实验室网站截图 2

资料来源：http://www.energy-blockchain.com/.

11.4　本章小结

近几年，随着绿色环保意识的提高以及电池价格的下降，能源用户追求高效率和低成本成为大势所趋，传统的能源业务模式和盈利模式都不再适应数字化、低碳化的需求，企业既难以满足越来越复杂的交易请求，又不能满足监管方和能源用户对能源供应安全和分布式能源接入的旺盛需求。本章介绍了三个基于区块链技术的能源应用案例，包括建立能源购买平台，为消费者提供更环保、更优惠的可再生资源购买，以及致力于在能源产业价值链全环节实现区块链技术。

区块链具有多方共享、数据不可篡改、可追踪的特性，可以在帮助能源电力企业保障安全性的同时创新性地推动能源价值链重塑。另外，区块链技术在数字货币、价值转移等场景下的应用也将对能源企业在清算系统、供应链、知识产权保护等领域产生重大作用。不过，区块链在电力资源领域的应用仍处于试验和探索阶段。

未来区块链与能源互联网的结合应用有以下几个方面：

首先，基于区块链部署的能源设备间进行点对点交互式决策，不需要将信任托付于单一集中平台代为决策，从而提高交易效率，同时降低交易成本和风险。以油气行业为例，2017 年 12 月，中国中化集团针对从中东到中国的原油进口业务，完成了国内首单区块链原油进口交易试点。中化集团对外宣称，相比于传统能源化工跨境贸易复杂冗长的交易方式，应用区块链能将整体效率提高 50%以上，使融资成本减少 30%以上。

其次，进行分布式能源部署。分布式能源可以增加电网灵活性，降低运营成本，提高可靠性。区块链可以将可再生能源和其他能源加入分布式能源，提高分布式能源的可视化和控制性，以满足日益复杂的电网运营需求。智能合约允许供应商和购买者通过双方条件匹配实现能源自动销售。

最后，基于区块链的数据不可篡改性和可追踪性，区块链技术可应用于能源开发和排放管理的跟踪交易系统。以碳排放为例，减少温室气体排放是全球各国的统一目标，但关于碳排放的技术和政策都依赖于在全球市场中准确测量和记录碳含量的方法，各地标准规则不一致，集中管理和审查将造成大量时间和成本浪费。而利用区块链的可信数据存储库，可以大大简化交易，加强验证过程，并消除对昂贵的集中式管理的需求。

思考题

1. 试根据自身理解，解释区块链在电力资源交易领域的应用过程。
2. 试根据自身理解，谈谈在电力资源领域进行区块链技术应用的优点。
3. 试预测未来区块链的能源应用的发展前景。

第 12 章

基于区块链的电子政务应用

本章学习目标

- 了解基于区块链的电子政务应用背景
- 了解目前区块链在电子政务领域的具体应用案例
- 了解未来区块链在电子政务领域的发展

12.1 区块链电子政务应用背景

电子政务是电子化后的政府信息服务和信息处理系统，通过“互联网＋政务”的模式对政府的办公模式进行改造，以提高政府部门的工作效率和依法行政的水平。随着电子政务的不断落实与完善，政府政务数据的不断增加，政府各个机构的数据互通对于提升政务管理的能力和政府的工作效率正变得越来越重要。但是，在数据共享过程中，存在着大量安全性问题。例如，政务服务平台涉及大量人员、企业的敏感信息，直接公开会导致不好的后果，并且数据交互共享过程复杂，不仅易出现人为失误，还容易遭受黑客攻击而导致信息泄露或存在内部人员泄密等情况。由于以上因素，数据共享在实际推进的过程中往往受到很多阻碍。区块链技术则为跨地区、跨机构的数据整合提供了安全且可信任的机制。区块链允许政府部门对访问方和访问数据进行自主授权，同时对数据调用行为进行记录，使得事后追责的机制得以实现，极大限度地降低了政府政务数据共享所带来的安全隐患。

从国家宏观政策方面看，2017 年 1 月到 2017 年 10 月，国务院密集出台了《国务院办公厅关于创新管理优化服务培育壮大经济发展新动能加快新旧动能接续转换的意见》《国务院关于印发新一代人工智能发展规划的通知》《国务院办公厅关于积极推进供应链创新与应用的指导意见》等一系列政策，研究利用区块链等新兴技术，建立基于供应链的信用评价机制。2019 年 10 月 24 日，中共中央总书记习近平在主持区块链技术发展现状和趋势学习时强调："区块链技术的集成应用在新的技术革新和产业变革中起着重要作用。我们要把区块链作为核心技术自主创新的重要突破口，明确主攻方向，加大投入力度，着力攻克一批关键核心技术，加快推动区块链技术和产业创新发展。"国家有关部门、地区也积极出台了一系列政策来支持区块链相关企业的发展。2018 年 3 月，深圳市经济贸易和信息化委员会发布文件《市经贸信息委关于组织实施深圳市战略性新兴产业新一代信息技术信息安全专项 2018 年第二批扶持计划的通知》，区块链属于扶持领域之一。2018 年 4 月，上海区块链产业联盟成立。据了解，该联盟受上海产业转型发展研究院指导并由多家上市公司、区块链技术科研机构、区块链产业应用创新企业等共同发起，在科研、技术、工程应用等方面优势明显。

表 12－1 统计了自 2014 年以来，政府发布的电子政务相关政策。随着近年来政府体制和机制改革的不断健全，政府对用电子政务的手段完善自身职能的需要越来越迫切，全国政府部门的数据互通也日趋重要。

表 12－1　我国电子政务的相关政策

相关政策	发布时间
《国务院关于加快推进全国一体化在线政务服务平台建设的指导意见》	2018-07-31
《国务院办公厅关于印发进一步深化"互联网＋政务服务"推进政务服务"一网、一门、一次"改革实施方案的通知》	2018-06-22
《国务院办公厅关于印发全国深化简政放权放管结合优化服务改革电视电话会议重点任务分工方案的通知》	2017-06-30

续表

相关政策	发布时间
《国务院办公厅关于印发政务信息系统整合共享实施方案的通知》	2017-05-18
《国务院办公厅关于印发“互联网+政务服务”技术体系建设指南的通知》	2017-01-12
《国务院关于加快推进“互联网+政务服务”工作的指导意见》	2016-09-29
《国务院关于印发2016年推进简政放权放管结合优化服务改革工作要点的通知》	2016-05-24
《国务院办公厅关于转发国家发展改革委等部门推进“互联网+政务服务”开展信息惠民试点实施方案的通知》	2016-04-26
《国务院关于积极推进“互联网+”行动的指导意见》	2015-07-04
《国务院办公厅关于加强政府网站信息内容建设的意见》	2014-12-01

表12-2展示了中央和地方政府鼓励区块链与电子政务融合发展的一些相关政策。

表12-2　我国鼓励区块链与电子政务融合发展的政策

地区	政策名称	发布时间
中央	《中国保监会关于印发〈偿二代二期工程建设方案〉的通知》	2017-09-18
	《国务院关于印发新一代人工智能发展规划的通知》	2017-07-08
北京	《北京市推进政务服务“一网通办”工作实施方案》	2018-08-17
天津	《天津市市场和质量监督管理委员会印发〈市场监管委关于推行企业登记全程电子化工作的意见〉的通知》	2017-08-31
深圳	《深圳市国家税务局、深圳市地方税务局关于优化税收营商环境的若干措施》	2018-03-30
广州	《广州市黄埔区人民政府办公室、广州开发区管委会办公室关于加快IAB产业发展的实施意见》	2018-01-09
贵阳	《贵阳市人民政府关于贵阳市加快推进政府数据共享开放的实施意见》	2017-03-28
新疆	《新疆生产建设兵团转发〈国务院关于印发《新一代人工智能发展规划》的通知〉的通知》	2017-08-14

表 12－3 所示的是 2018 年省级政府电子政务能力排行榜。从表中可看出，一些省份还有很大的潜力有待发掘，电子政务仍需要进一步普及。

表 12－3　省级政府电子政务能力排行榜

排名	省级政府	分数	排名	省级政府	分数
1	浙江	94.26	17	河北	81.48
2	江苏	93.93	18	云南	81.30
3	贵州	93.76	19	河南	81.16
4	广东	93.25	20	湖北	80.33
5	安徽	90.90	21	辽宁	80.18
6	北京	85.89	22	天津	78.96
7	福建	84.39	23	吉林	78.72
8	重庆	83.35	24	新疆生产建设兵团	77.25
9	四川	82.75	25	湖南	76.49
10	山东	82.50	26	广西	75.65
11	宁夏	82.19	27	山西	71.33
12	江西	81.84	28	陕西	69.79
13	黑龙江	81.78	29	内蒙古	68.38
14	湖南	81.74	30	青海	68.36
15	上海	81.57	31	新疆	62.86
16	甘肃	81.55	32	西藏	50.44

区块链技术在电子政务中有以下几个应用方向（侯衡，2018）。

第一，个体身份认证。区块链建立在互联网基础上，与个体相关的证件、资产、证明文件甚至各种公共记录都可以迁移到区块链上，并利用全新的加密认证技术和全网共识机制，形成“数字身份证”。利用区块链完整的、分布式的、不可篡改的连续账本数据库，个人、机构都可以形成自己的身份证，可以利用全网多方验证的数据信息进行“自证”，无须依赖于第三方机构的认证。

这种新型的信用关系可以进一步推动电子政务发展中的简政、廉政需求。一方面，个体申请公共服务时不再需要奔走于不同的机构之间收集所需的证明材料，政府部门在审批时也无须反复核实资料的真实性、可靠性，通过区块链系统中的数字身份证即可以获取个人基本信息及征信情况等可靠、完整的信息，这将会大大提高行政效率。另一方面，数字身份证的不可篡改性，以及行政审批从条件审批转为表现审批的变化，能够促使社会个体珍惜自己的征信情况，更重视社会活动中自己的表现，这将会有利于政府提高治理效能。因此，个体身份证的建设和发展，与电子政务中简政、廉政、高效的诉求相契合，这将会是未来电子政务中区块链应用的一大方向。

第二，生产流程监管。随着政府信息公开进程的推进，公民对于与自己生活密切相关的信息的公开需求在不断增长。区块链技术通过合约机制可以将不同行业、不同机构的信息连接起来，而无须再根据不同的信息公开需求建设不同的管理系统，并且可以形成完整的数据链，如在粮油流通的过程中监测信息；同时也可以保证在这个过程中信息不可篡改。

第三，政府信息公开。区块链的散列处理等加密算法可以将一些数据进行脱敏处理，以保护涉及敏感的个人隐私的内容。通过精细化授权，有利于建立数据横向流通机制，也使得更多政务信息可以被公开出来，既降低了信息公开的建设成本，又保障了信息的可靠性、完整性，不仅满足了公众的知情权以及对政府工作的监督权，也加大了政府信息公开的力度与深度，有利于“阳光政府”建设。同时，区块链作为一种按照时间顺序排列的“时间轴数据库”，可以避免有效数据的收集和清洗，大大降低数据的收集成本。结合大数据技术，可以对区块链中丰富的海量数据进行深度挖掘与分析，这将会极大提升区块链数据的价值和使用空间。在政务信息联通、公开、深度挖掘和合理利用方面，区块链都能发挥巨大作用。

使用区块链技术赋能政府执政能力建设会提升政府服务水平，但同时也是对政府职能转变的考验。具体表现在三个方面：

第一，民众能否适应这种变化。这体现在两个层面：其一是对区块链技术本身的接受程度，其二是能否适应并充分信任政府的职能转变。受到前些年币圈一些圈钱风波和集资诈骗的影响，公众普遍一提到区块链，头脑中就满是负面印象。然而区块链作为一种中立的技术，其本身是不分善恶的，关键在于谁使用区块链技术。近些年，政府逐渐引导公众对区块链的看法，并且加强了对区块链行业的监管，这些举措都提升了民众对区块链技术的信任。除此之外，政府也在大力完善自身建设，把提升政府职能当作自己的长期目标，并付诸行动。这些都使公众对政府的信任水平得到提高。但是，区块链作为一种共治思想的体现，距离其大规模的普及和被接受还有很长的路要走。

第二，政府能否适应自身的职能转化。区块链具有分布式的特征，区块链技术在和传统政务的融合过程中，会在一定程度上削弱政府机构原有的地位。原有资产登记、存证等工作会在一定程度上被替代，民众和政府将处于一个较为平等的地位。所以对政府来说，能否适应这种变革将决定区块链技术与电子政务相结合的前景。

第三，区块链技术本身。区块链作为一种新兴的技术，从其出现到应用只有短短数年的时间，就技术本身来说仍然有待完善。区块链技术的完善一方面需要借助技术手段，另一方面也需要借助法律手段。众所周知，区块链存在密钥丢失、51％攻击等安全性问题，这些问题的解决不能单单依靠技术手段，也需要有相关法律的保护。目前有越来越多的政府和地区正在制定区块链技术的相关法律法规，在国际上也积极参与相关标准的制定，但从法律的制定到落实还有很长的一段路要走，并且能否适应区块链的发展也是一个不能回避的问题。

总而言之，“区块链＋电子政务”的前景总体上依然广阔，有很多应用有待挖掘。相信在不远的未来，区块链技术可以让政府事务更加公正透明，群众作为政府的监督者将更深入地参与政府的工作，参与政府的建设。

12.2 基于区块链的公证——证宝宝

日常工作和生活中经常出现难以取证的情况。生活中的一些纠纷，尤其是消费者和商家之间的纠纷，经常是由证据问题导致的。例如事发前当事人忘记保存证据，或者在中途证据丢失，或者留存的证据与实际的证据不符，又或者对方拒不承认证据，等等，这些都是取证难的典型场景。比如，不少虚假宣传发生在现场宣传推销、上门推销、电话直销、网络购物等新型营销方式中。此类消费者通常难以取得消费凭证，加之不少商家是跨地域推销，事后常出现难以取证的尴尬。消费者若是在没有中介的场景交易，一旦发生纠纷，维权主体的确定将非常困难。另外，网购证据多为电子数据，具有更新快、易修改、难保存的特点。消费者与卖家通过互联网聊天工具达成交易，在遭到对方删除、拉黑后无法提供聊天记录的原始载体，甚至不能提供曾经的聊天页面截图。就算提供了聊天记录，在卖方未到庭应诉的情况下，法院对消费者提供的聊天记录的真实性也无法确认。消费者不得不承担因其不能举证所带来的不利后果，其诉讼请求难以获得法院支持。

对于上述造成消费者维权行为被动的现象的主要原因在于，消费者尚未形成强烈的证据意识，没有养成在重要交易节点留存关键证据的习惯，同时还缺乏一个操作便捷、取证场景丰富、证据效力高的取证平台在背后提供支持。操作便捷意味着每个消费者都能轻松自主地在需要时留存证据；取证场景则需满足线上线下不同证据形式的完整采集；证据效力则直接关系到在调解或诉讼过程中当事人及司法机关对证据的接受度和认可度。另外，利用传统方式审理网上案件存在存证难、取证难、采信难等问题。大部分证据存在于网上，对网上生成证据真实性的认定往往成为案件审理的关键点。以前，常用的存证方式需将证据从线上搬到线下，固定成纸质或光盘，开庭时带到法院，法官再对证据的真实性进行审查。整个过程耗时耗力，并且线上线下不断转换，这个过程增大了篡改风险。而区块链技术恰好可以保证数据的真实、透明、可验证性和不可篡改性，所以将区块链与公证结合，形成“区块链＋公证”的体系将对社会的科学治理有着重要意义。将区块链应用于公证领域可以通过一定技术手段使其在安全性和隐私保护方面有绝对保障。此外，区块链满足每个人随时都可以校验的需求，提高了“区块链＋公证”这个存证行为的公信力。

对于与身份相关的认证，区块链技术可以提供可信的电子签名身份认证，让数据产生时有了身份，与数据绑定的个人身份唯一且不可抵赖，那么证据中将明确留有个人信息，这样就完整地打通了从证据的收录、数据的完整性验证到身份信息认证等法律公证环节。与传统模式不同，区块链技术具有分布式的信任机制、不易篡改和可溯源的特点。区块链技术应用于司法审理后，通过确权证据上链、侵权证据上链、链上认证三步解决电子证据存证。取证时间以及取证成本有所减少。

区块链取证工具“证宝宝”瞄准了这一细分的区块链应用领域，推出了为企业、机构和个人提供多功能电子取证、不可篡改存证、强公信力出证的区块链存证平台。

图 12－1 介绍了证宝宝平台的主要技术优势，包括基于主体性认证的过程加密、基于完整性保障的防篡改机制、区块链＋云存储架构、可信时间机制、隐私性保护机制。

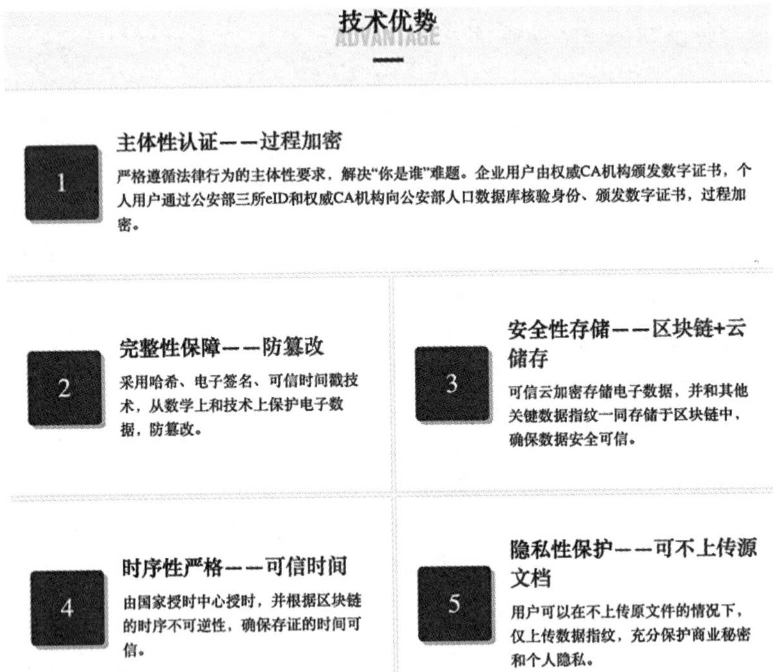

图 12－1　证宝宝技术优势

资料来源：https://www.zhengbaobao.com.

图 12－2 和图 12－3 是证宝宝 App 的界面，其支持电子数据边录边传、随时上传，包括录音、录像、拍照、截屏等文件都可以作为原始的电子数据存入证宝宝区块链存证平台。当然，区块链作为一个分布式账本，本身的存储代价较为高昂，为了保证效率，存证平台只会将证据数据的哈希值、电子签名以及时间戳等关键数据上链。

图 12-2　证宝宝 App 界面 1

图 12-3　证宝宝 App 界面 2

12.3 链合科技——政务区块链

随着我国政府机构的不断改革，政府部门的政务也不断公开化、透明化，且随着近些年区块链技术的大力发展，区块链技术应用于电子政务也成为一个探讨的方向。

区块链在电子政务领域的应用种类可以大体分为两个方面：一是身份认证体系的建立可以让政府部门的权力追责更加便利，使得政府的公共服务与政府的各项管理工作更好地开展。同时，基于区块链技术的电子政务管理平台可以真正把政府的职能汇总统一，实现"一站式"全能服务。二是充分利用区块链数据不可更改、全周期记录的特点，打通机构之间信息资源互通的障碍，从而使更多政务信息被公开和利用，更多涉及公共利益的监管信息可以被全程记录并公开。在政府各个机构的信息孤岛现象消失后，可以充分结合大数据、人工智能等相关技术，对联通之后的相关政务数据进行整合、利用，使其更好地服务于政府治理与社会建设。

为了实现基于区块链技术的电子政务整体架构平台，向普通民众提供服务于政府各个机构业务的自动化机制，必须将各个领域内的国家政务融合在一起，形成一个包含政府单位、经济数据、资产交易和传媒领域的共有信息空间。除此之外，也应该包括注册管理机构和与其对应的相关软件，用于构建基于智能合约的政府机构、企业和公共用户的应用程序和平台，等等。

区块链技术被用于构建政务链生态系统的软件解决方案，可称为“区块链即政务”（blockchain as government affairs），实施的主要优点表现为：通过加密算法和分布式存储注册管理机构的数据，最大限度地提升了可靠性。所有注册管理机构的数据变更记录均存储于固态实体存储中心。

由深圳链合科技投资公司联合国际顶尖的区块链团队一同开发和打造的政务链，按照上述方向，提出了一套用区块链的方式改良电子政务的方案。政务链生态系统是一个多级权限管理系统，具有创建和编辑注册管理机构、智能合约和接口的功能，为了控制对平台管理的访问权限，使用了智能合约与智能法律相结合的方案，实现了可灵活定制的权限监控系统，同时该系统还可以自动跟踪访问权限的转移。从技术上说，政务链生态系统也是一个点对点网络，其节点是数据中心，每个节点都包含完整的区块链数据。这些节点依次以不超过一秒的周期生成区块，单一节点也可以维持其生态系统的效率，其余节点确保了网络的不间断运行，并防止未经授权的数据篡改。

政务链生态系统同时也是一个独立和封闭的系统，只有具有私钥的用户才能访问并使用网络资源，但同时也意味着，可以将一国的政务链网络纳入国际政务链网络。政务链生态系统是以法律、金融和经济关系的实体登记注册为依据的，由登记注册管理部门负责，包含法人和自然人、家庭户口关系、房地产权、证券、专利许可证等。在政务链中，管理登记注册的权限设计为多层级机制，是管理政务的生态系统，并在其基础上创建应用程序的最重要工具。注册管理机构的权限可通过在个人注册表中指定身份的方式，将权限授予某些角色。因此，通过分配多层次的权限体系，在不同部门、行业和组织中实施，达到了应用程序分工的目的。图 12－4 是政务链的截屏，所示的是政务链的技术优势。

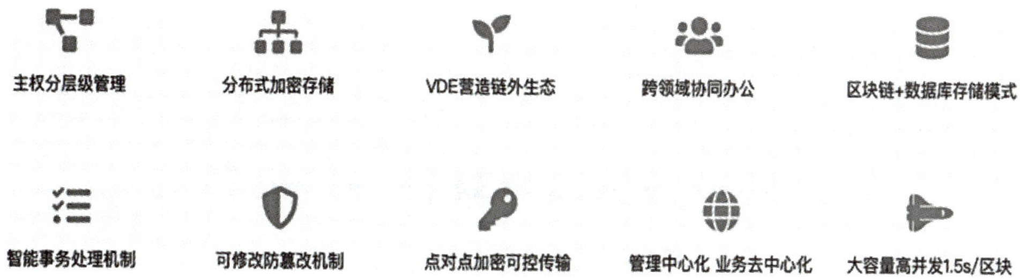

图 12－4　政务链的技术优势

资料来源：https://gachain.org.

总之，政务链包含了一系列将区块链应用于政府领域的基本构想，其可以实现政府部门的高效办公，同时可以进一步提高政府的开放水平，使其更好地接受人民群众的监督。不论未来政务链的发展如何，作为一个“区块链＋电子政务”领域的公有链平台，其理念和技术架构都对后续的平台有一定的参考价值和借鉴意义。

12.4　本章小结

从“区块链＋电子政务”的应用方向来看，政府的管理活动涉及公民的基本权益与社会的正常运营，对信息的可靠性、安全性要求非常高；在政府管理过程中会产生很多与公民生活息息相关的信息，对这些信息的妥善保管与合理利用的要求也非常高。如何提供更高效、更优质、更公平的公共服务，如何提供更可靠、更透明、更全面的信息资源，是政府开展电子政务活动所要解决的重要问题。

本章围绕“区块链＋电子政务”的应用，介绍了区块链电子政务的应用背景和利用区块链技术的公证系统以及政务链生态系统的具体案例。区块链提供的不可篡改、全程记录的链式数据结构恰好满足了政府信息公开中信息安全、可靠的需求，同时也给行政审批提供了新的审核思路，从条件的审核到社会个体信用数据链的审核。区块链的特性与电子政务发展需求的结合不仅可以推动电子政务的深化发展，也可以推进社会信用体系等方面的建设。

思考题

1. 试根据自身理解，解释区块链在公证系统的应用过程。
2. 试根据自身理解，谈谈在政务管理领域利用区块链技术的着重点。
3. 试提出对区块链结合电子政务的应用的建议。

第13章

区块链的未来

本章学习目标

- 了解区块链的职业发展前景
- 了解区块链的未来发展趋势

13.1 区块链的职业发展前景

自2018年6月以来，比特币的市场行情令人担忧，但是在各个招聘网站上对区块链的相关岗位的需求却没有受到币价下跌的影响，需求持续走高（见图13-1）。

区块链工程师	北京正诺文化传播有限公司	北京-朝阳区	2-4万/月	01-09
高级区块链工程师-PO-北京-00055	英雄互娱科技股份有限公司	北京-朝阳区	2-3万/月	01-07
密码学区块链工程师	新湃科技（宁波）有限公司	北京-朝阳区	4-5万/月	01-03
区块链工程师	北京博雅科诺信息技术有限公司	北京-海淀区	1.5-3万/月	01-02
区块链开发工程师	北京连盈科技有限公司	北京-海淀区	2-4万/月	01-08
资深区块链工程师-PO-北京-00054	英雄互娱科技股份有限公司	北京-朝阳区	3.5-5万/月	01-07
分布式存储区块链工程师	新湃科技（宁波）有限公司	北京-朝阳区	3-4万/月	01-03
智能合约区块链工程师	新湃科技（宁波）有限公司	北京-朝阳区	3-4万/月	01-03
共识算法区块链工程师	新湃科技（宁波）有限公司	北京-朝阳区	3-4万/月	01-03
中级区块链工程师-PO-北京-00056	英雄互娱科技股份有限公司	北京-朝阳区	1.5-2.5万/月	11-15

图13-1 某招聘网站截图

2018 年全国普通高校毕业生人数达 820 万，毕业生们面临着严峻的就业形势。[①] 在区块链这一新兴行业，职业的需求量大，工资高，但是往往存在着许多不稳定因素。有的人虽然没有技术能力，但是却可以在技术变革中因其带来的流量赚得盆满钵满；有的人一心钻研底层技术开发，希望通过自己对于区块链技术的学习和理解，让区块链更好地发展、更好地应用。但无论如何，区块链的发展与进步势在必得。

13.2 区块链的未来发展趋势

对于区块链的未来，不少专家和学者给出了预测和展望。蔡维德教授对区块链在 2019 年的发展曾做出以下几点预测[②]：

- 联盟链会加速发展。
- 法律科技会加速发展。
- 根据欧洲、日本、加拿大央行的报告，PFMI 会改变区块链的设计和方向。
- 区块链产业沙盒会在多国多地开花。
- 全球（包括中国）会有大型区块链计划出现。
- STO 在国外会流行。
- 区块链互联网开始研发。这个新网络在 3～4 年以后会出现。
- 目前伪链的危害还不明显，但是随着区块链应用的发展，真链不会和伪链对接，伪链自然会消亡。
- 区块链互联网会正式开启，从此以后的互联网时代是一个诚实的诚信的区块链互联网时代。
- 区块链技术是意义远超人工智能、大数据等技术的第四次工业革命。
- 真正的泡沫是不会或者不肯改革的公司，区块链行业也是如此。
- 区块链的基础设施将会影响未来市场的结构、流程以及货币。

---

① 资料来源：http://www.sohu.com/a/238062258_100152101.
② 资料来源：https://mp.weixin.qq.com/s/8WjGVrYcj_6a7fpl676iuQ.

信息技术咨询与研究公司 Gartner 也对区块链的未来提出了几点看法：

- 到 2023 年，公共区块链平台将会和私人区块链平台融合。
- 到 2023 年，区块链技术将被应用于选举和投票类的项目。
- 到 2025 年，区块链会为全球分散的身份管理提供一个互操作的核心基础。
- 到 2023 年，全球至少有一个恶性通货膨胀的国家将会用加密货币替代本国货币。

区块链项目知名投资商 Pantera Capital 的首席合伙人 Joey Krug 对区块链的未来给出了以下几个观点①：

- 未来，大部分传统资产会通过数字化的形式迁移到区块链，但不是全部。
- 2018 年比特币大跌是正常的，新兴技术注定要经历市场、政策的磨合期。
- 单纯的炒币面临越来越严格的监管控制，并不被看好。

福布斯技术委员会成员也对区块链的未来做出了以下预测②：

- 分布式记账技术将继续存在，未来或会取代政府系统。
- 不同的区块链之间会出现标准化的协作。
- 对可靠的加密货币的需求还会继续增加。
- 区块链技术还处在持续成熟的过程中，它的技术影响可能会更大。

此外，还有许多专家对区块链的未来发展提出了自己的观点，Theta Labs 的战略主管 Wes Levitt 表示：

- 首个合法的国家加密货币将会推出，它将与来自 G20 国家的法定货币挂钩。
- 幕后的实际工作将会进一步推进。
- 各种区块链的规范不一定能与其他区块链规范集成，这一点是不利于有效的全国或全球互联网的。

Medici Ventures 的总裁兼 Overstock. com 董事会成员 Jonathan Johnson 认为③：

---

① 资料来源：http://m. sohu. com/a/288016972_120017200.

② 资料来源：https://baijiahao. baidu. com/s?id=1611190081827376876&wfr=spider&for=pc.

③ 资料来源：http://www. btb8. com/blockchain/1812/24421. html.

● 数字远程投票将会得到更广泛的采用。

● 金融技术将依然是区块链用例的重要关注点，有些金融技术将会影响证券交易的方式。

● 区块链并不是灵丹妙药，徒劳地使用将会浪费大量资金。

● 区块链会在供应链中获得较大的影响力。

Oasis Labs 首席执行官 Dawn Song 曾表示：

● 2018 年重点关注可拓展性，但 2019 年将更关注隐私，避免敏感的用户遭到误用、滥用和攻击。

● 2019 年将迎来一个临界点，是将隐私放在第一位的应用程序的新时代。

关于区块链未来的发展趋势，一些企业推出的区块链计划也将对世界区块链的发生产生影响。Facebook 计划在 2020 年面向全球发行一种加密数字货币，代号为“天秤座”（Libra）。这个货币有两大设计目标，分别为无国界和低手续费。该货币系统利用分布式的区块链网络，准备将包括 VISA、MasterCard、PayPal 和第三方聚合支付工具 Stripe 在内的支付公司，以及包括美国科技公司 Uber、旅游预订网站 Booking. com 以及阿根廷电商网站 MercadoLibre 在内的电商公司作为区块链的信用节点加入该计划。

Facebook 通过该计划发行的数字稳定币将与法定货币相挂钩。但由于目前加入计划的企业多来自美国，因此 Facebook 的该计划也意味着直接将美元信用作为全球数字信用的定价基础引入了目前的区块链世界，同时也标志着数字信用将成为美元信用的一个延伸。

目前关于该计划的监管问题已经在与美国的相关监管部门进行讨论，这也说明 Facebook 的此项全球最大的数字货币计划将首先符合美国监管部门的要求，而这些要求也会被写入区块链的代码，因此也意味着美国相关监管部门将会率先实现对数字货币的间接管辖。

Facebook 的这一计划在各个国家引起了广泛的讨论，一些欧洲国家对其发行的数字货币的安全性与隐私性提出了质疑，并提出了各种监管问题，而美国政府和央行则对 Facebook 发行的稳定币极其看好，所以这也意味着新型的货币竞争已然到来。而这次货币战争的主角不仅仅是法币，而是有稳定币作为辅助。新的数字货币与传统的法币之间的关系除竞争外更多的是融合，区块链技术的出现更是为法币记账、新币产生与管理提供了新的解决方案，同时支持了两者之间的交易。

在互联网诞生之前，众多实验室和组织机构内部使用的网络系统为局域网（LAN），后来人们也曾设想通过建立全局网（GAN）提升效率，但其效果并不理想，直到将各个局域网连接起来的互联网出现，通信网络系统的效率才有了革命性的提升。而随着 Web 技术的出现，互联网真正做到了走入寻常百姓家。通过互联网的发展历程来看区块链落地，目前无论是拜占庭将军协议、分布式存储概念，还是产业沙盒模型，都隐含着理想化的成分，距离真正的技术落地尚有差距，要想解决区块链落地问题，整个区块链技术尚需要有像互联网和 Web 一样的革命性技术的产生。

13.3 本章小结

本章根据在区块链行业就业的几点情况，介绍了目前区块链行业的就业前景。可以说，目前在这一行业，职业的需求量很大，但是稳定性略有欠缺，很多企业只是想借区块链发展的势头谋财求名，但也有一些企业是真的在推动区块链技术的发展，用自己的技术能力为我国区块链的发展尽一份力。

未来，区块链无疑有着更广阔的发展前景，区块链也会逐渐走向社会化、全球化。我们相信，区块链社会的到来只是时间问题，终有一天我们会见证区块链的全球化。

思考题

1. 请根据自己的分析，谈谈对区块链未来的看法。
2. 试预测区块链在接下来的十年内会有怎样的发展。

参考文献

[1] Lonnie B，Jeffrey W. 系统分析与设计方法 [M]. 北京：高等教育出版社，2008.

[2] Power M. Online highs are old as the net：the first e-commerce was a drugs deal [J]. The Guardian，London，June 17，2013.

[3] Zwitter A. Big Data Ethics [J]. Big Data & Society，1（2），2014：1-6.

[4] 阿尔文德·纳拉亚南，约什·贝努. 区块链技术驱动金融 [M]. 北京：中信出版集团，2016.

[5] 蔡制宏. 数字货币发展状况、可能影响及监管进展 [J]. 金融发展评论，2015（3）：133-138.

[6] 方滨兴，贾焰，李爱平，等. 大数据隐私保护技术综述 [J]. 大数据，2（1），2016：1-18.

[7] 郭永珍. 区块链对互联网金融发展的重塑与挑战分析 [J]. 商业经济研究，2017（2）：169-171.

[8] 韩秋明，王革. 区块链技术国外研究述评 [J]. 科技进步与对策，2018（2）：154-160.

[9] 侯衡. 区块链技术在电子政务中的应用：优势、制约与发展 [J]. 电子政务，000（006），2018：22-30.

[10] 何峰，耿欣. 基于区块链的金融基础设施变革与创新 [J]. 金融理论与实践，2016（10）：58-61.

[11] 李晓，刘正刚. 基于区块链技术的供应链智能治理机制 [J]. 中国流通经济，2017（31）：34-44.

[12] 鲁维维. 区块链技术在供应链管理中的应用研究 [J]. 当代经济，2017（29）：98-99.

[13] 马小峰，杜明晓，余文兵，王意. 基于区块链的供应链金融服务平台 [J]. 大数据，2018（1）：13-21.

[14] 梅兰妮·斯万. 区块链——新经济蓝图及导读［M］. 北京：新星出版社，2015.

[15] 乔海曙，谢姗珊. 区块链金融理论研究的最新进展［J］. 金融理论与实践，2017（3）：75-79.

[16] 邵奇峰，金澈清，张召，钱卫宁，周傲英. 区块链技术：架构及进展［J］. 计算机学报，2018（5）：969-988.

[17] 沈鑫，裴庆祺，刘雪峰. 区块链技术综述［J］. 网络与信息安全学报，2016，2（11）.

[18] 宋华. 互联网供应链金融［M］. 北京：中国人民大学出版社，2017.

[19] 宋华. 基于产业生态的供应链金融的创新趋势［J］. 中国流通经济，2016（12）：85-91.

[20] 维克托·舍恩伯格，肯尼思·库克耶. 大数据时代——生活、工作与思维的大变革［M］. 杭州：浙江人民出版社，2013.

[21] 鲜京宸. 区块链＋互联网金融的发展与前景展望［J］. 财会月刊，2017（14）：79-83.

[22] 袁勇，王飞跃. 区块链技术发展现状与展望［J］. 自动化学报，42（4），2016：481-494.

[23] 张健. 区块链定义未来金融与经济新格局［M］. 北京：机械工业出版社，2016.

[24] 张荣. 区块链金融：结构分析与前景展望［J］. 南方金融，2017（2）：57-63.

[25] 周水庚，李丰，陶宇飞. 面向数据库应用的隐私保护研究综述［J］. 计算机学报，32（5），2009：847-861.

[26] 祝烈煌，高峰，沈蒙. 区块链隐私保护研究综述［J］. 计算机研究与发展，54（10），2017：2170-2186.

图书在版编目（CIP）数据

区块链：技术与应用/梁循等编著. --北京：中国人民大学出版社，2020.3
（大数据与人工智能系列）
ISBN 978-7-300-27981-7

Ⅰ.①区… Ⅱ.①梁… Ⅲ.①电子商务-支付方式-研究 Ⅳ.①F713.361.3

中国版本图书馆 CIP 数据核字（2020）第 045958 号

大数据与人工智能系列
区块链：技术与应用
梁 循 尤晓东 薛 扬 徐凤敏 编著
Qukuailian：Jishu yu Yingyong

出版发行 中国人民大学出版社			
社　　址 北京中关村大街 31 号		**邮政编码** 100080	
电　　话 010－62511242（总编室）		010－62511770（质管部）	
010－82501766（邮购部）		010－62514148（门市部）	
010－62515195（发行公司）		010－62515275（盗版举报）	
网　　址 http://www.crup.com.cn			
经　　销 新华书店			
印　　刷 北京宏伟双华印刷有限公司			
规　　格 175 mm×250 mm　16 开本		**版　　次** 2020 年 3 月第 1 版	
印　　张 10.25 插页 1		**印　　次** 2020 年 3 月第 1 次印刷	
字　　数 158 000		**定　　价** 38.00 元	